U0615459

容齋隨筆

3

宋 洪邁 著

明崇禎三年刊

第三册

容齋三筆序

王右將軍逸少晉宋間第一流人也遺情軒冕擺落世故蓋其生平雅懷自去會稽内史遂不肯復出自誓於父母墓下詞致確苦予味其言而深悲之又讀所與謝萬石書云坐而獲逸遂其宿心比嘗與安石東游山海頤養閒暇之餘欲與親知時共歡宴銜盃引滿語田里所行故以爲撫掌之資其爲得意可勝言邪常依依陸賈班嗣之處世老夫志願盡於此也按是時逸

少春秋纔五十餘耳史氏不能賞取其高乃屑
屑以爲坐干懷祖之故待之淺矣予亦從會稽
解組還里于今六年仰瞻昔賢猶駑蹇之視天
驥本非倫擬而年齡之運踰七望八法當挂神
虎之衣冠無暇於營墓也幸方寸未渠昏於寬
閒寂寞之濵窮勝樂時之暇時時捉筆據几隨
所趣而志之雖無甚奇論然意到即就亦殊自
喜於是容齋三筆成累月矣稚子云不可無序
引因攄寫所懷并發逸少之孤標破晉史之妄

以詔兒姪冀爲四筆他日嘉話慶元二年六月
晦日序

四

容齋三筆目録

卷第一　十四則

卷第二十六則

卷第三　十九則

卷第六十五則

卷第十　十七則

卷第十一　十六則

卷第十二　十六則

卷第十三　十三則

卷第十四　十七則

卷第十五　十八則

卷第十六　二十則

郡縣主壻官　　樂府詩引喻

容齋三筆目録

容齋三筆卷第一　十四則

晁景迂經說

景迂子晁以道留意六經之學各著一書發明其旨故有易規書傳詩序論中庸洪範傳三傳說其說多與世儒異謂易之學者所謂應所謂位所謂承乘所謂主皆非是大抵云繫辭言卦爻象數剛柔變通之類非一未嘗及初應四二應五三應六也以陽居陽以陰居陰爲得位得位者吉以陽居陰以陰居陽爲失位失位者凶

然則九五九三六二六四俱善乎六五六三九二九四俱不善乎既爲有應無應得位不得位之說而求之或不通則又爲承乘之說謂陰承陽則順陽承陰則逆陽乘柔則吉陰乘剛則凶其不思亦甚矣又必以位而論中正如六二九五爲中且正則六五九二俱不善乎初上三四永不得用中乎卦各有主而一槩主之於五亦非也其論書曰子於堯典見天文矣而言四時者不知中星禹貢敷土治水而言九州者不知

經水洪範性命之原而言九疇者不知數舜於四凶以堯庭之舊而流放竄殛之穆王將善其祥刑而先醜其耄荒湯之伐桀出不意而奪農時文王受命爲僭王召公之不說類乎無上太甲以不順伊尹而放羣叔纔有流言而誅啓行孥戮之刑以誓不用命盤庚行劓殄之刑而遷國周人飲酒而死魯人不板幹而屋誅先時不及時而殺無赦威不可訖老不足敬禍不足畏凶德不足忌之類惟此經遭秦火煨燼之後孔

壁朽折之餘孔安國初以隷篆推科斗既而古
今文字錯出東京乃取正於杜林傳至唐彌不
能一明皇帝詔衛包悉以今文易之其去本幾
何其遠矣今之學者盡信不疑殆如手授於洙
泗間不亦惑乎論堯典中星云於春分日而南
方井鬼七宿合昏畢見者孔氏之誤也豈有七
宿百九度而於一夕間畢見者哉此實春分之
一時正位之中星非常夜昏見之中星也於夏
至而東方角亢七宿合昏畢見者孔氏之誤也

豈有七宿七十七度而於一夕閒畢見者哉此夏至一時之中星非常夜昏見者也秋分冬至之說皆然凡此以上皆晁氏之說所辯聖典非所敢知但驗之天文不以四時其同在天者常有十餘宿自昏至旦除太陽所舍外餘出者過三之二安得言七宿不能於一夕閒畢見哉蓋晁不識星故云爾其論詩序云作詩者不必有序今之說者曰序與詩同作無乃惑歟且逸詩之傳者岐下之石鼓也又安覩序耶謂晉武公

盜立秦仲者石勒之流秦襄公取周地皆不應
美文王有聲爲繼伐是文王以伐紂爲志武王
以伐紂爲功庭燎沔水鶴鳴白駒箴規誨剌於
宣王則雲漢韓奕崧高烝民之作妄也未有小
雅之惡如此而大雅之善如彼者也謂子衿候
人采緑之序騈蔓無益棫木日月之序爲自戾
定之方中木瓜之序爲不純孟子荀卿左氏賈
誼劉向漢諸儒論説及詩多矣未嘗有一言以
詩序爲議者則序之所作晩矣晁所論是否亦

未敢輕言但其中有云秦康公纘穆公之業曰稱兵於母家自喪服以尋干戈終身戰不知已而序渭陽稱其我見舅氏如母存焉是果純孝歟陳厲公弒佗代立而序墓門責佗無良師傅失其類矣予謂康公渭陽之詩乃贈送晉文公入晉時所作去其即位十六年衰服用兵蓋晉襄公耳傳云子墨衰絰者也康公送公子雍于晉蓋徇其請晉背約而與之戰康公何罪哉責其稱兵于母家則不可陳佗殺威公太子而代

之故蔡人殺佗而立厲公非厲公羿也晁詆厲以申佗亦爲不可其論三傳謂杜預以左氏之耳目奪夫子之筆削公羊家失之舛雜而何休者又特負於公羊惟穀梁晚出監二氏之違畔而正之然或與之同惡至其精深遠大者眞得子夏之所傳范甯又因諸儒而博辯之申穀梁之志其於是非亦少公矣非若杜征南一切申傳汲然不敢與同也此論最善然則晁公之於羣經可謂自信篤而不詭隨者矣

邳彤酈商

漢光武討王郎時河北皆叛獨鉅鹿信都堅守議者謂可因二郡兵自送還長安惟邳彤不可以爲若行此策豈徒空失河北必更驚動三輔公旣西則邯鄲之兵不肯背城主而千里送公其離散逃亡可必也光武感其言而止東坡曰此東漢興亡之決邳彤亦可謂漢之元臣也彤在雲臺諸將中不爲人之所標異至此論出識者始知其然漢高祖沒呂后與審食其謀曰諸

將故與帝爲編戸民今乃事少主非盡族是天下不安以故不發喪酈商見食其曰誠如此天下危矣陳平灌嬰將十萬守滎陽樊噲周勃將二十萬定燕代此聞帝崩諸將皆誅必連兵還嚮以攻關中亡可蹻足待也食其入言之乃發喪然則是時漢室之危幾於不保酈商笑談閒廓廓無事其功豈不大哉然無有表而出之者迨呂后之亡呂祿據北軍商子寄詒之出游使周勃得入則酈氏父子之於漢謂之社稷臣可

也寄與劉揭同說呂祿解將印及文帝論功揭封侯賜金而寄不録平勃亦不爲之一言此又不可曉者其後寄嗣父爲侯又以罪免惜哉

武成之書

孔子言周之德其可謂至德也已矣三分天下有其二以服事殷所謂服事者美其能於紂之世盡臣道也而史記周本紀云西伯蓋受命之年稱王而斷虞芮之訟其後改法度制正朔追尊古公公季爲王是說之非自唐梁肅至于歐

陽東坡公孫明復皆嘗著論然其失自武成始也孟子曰吾於武成取二三策而已矣今考其書云大王肇基王迹文王誕膺天命以撫方夏及武王自稱曰周王發皆紂尚在位之辭且大王居邠猶爲狄所迫逐安有肇基王迹之事文王但稱西伯焉得言誕膺天命乎武王未代商已稱周王可乎則武成之書不可盡信非止血流標杵一端也至編簡舛誤特其小小者云

象載瑜

漢郊祀歌象載瑜章云象載瑜白集西顔師古曰象載象輿也山出象輿瑞應車也赤蛟章云象輿轙即此也而景星章云象載昭庭師古曰象謂懸象也懸象祕事昭顯於庭也二字同出一處而自爲兩說按樂章詞意正指瑞應車言昭列於庭下耳三劉漢釋之說亦得之而謂白集西爲西雍之麟此則不然蓋歌詩凡十九章皆書其名於後象載瑜前一行云行幸雍獲白麟作自爲前篇朝隴首覽西垠之章不應又於

下篇贅出之也

管晏之言

孟子所書齊景公問於晏子曰吾欲觀於轉附朝儛遵海而南放於琅邪吾何脩而可以比於先王觀也晏子對曰天子諸侯無非事者春省耕而補不足秋省歛而助不給今也不然師行而糧食從流下而忘反謂之流從流上而忘反謂之連從獸無厭謂之荒樂酒無厭謂之亡先王無流連之樂荒亡之行景公説大戒於國管

子內言戒篇曰威公將東游問於管仲曰我游猶軸轉斛南至琅邪司馬曰亦先王之游已何謂也對曰先王之游也春出原農事之不本者謂之游秋出補人之不足者謂之夕夫師行而糧食其民者謂之亡從樂而不反者謂之荒先王有游夕之業於民無荒亡之行於身威公退再拜命曰寶法觀管晏二子之語一何相似豈非傳記所載容有相犯乎管氏既自爲一書必不誤當更考之晏子春秋也

共工氏

禮記祭法漢書郊祀志皆言共工氏霸九州以其無録而王故謂之霸曆志則云雖有水德在火木之閒非其序也任知刑以彊故伯而不王周人䙴其行序故易不載注言以其非次故去之史記律書顓帝有共工之陳以平水害文頴曰共工主水官也少昊氏衰秉政作虐故顓帝伐之本主水官因爲水行也然左傳郯子所敘黄帝炎帝五代所名官共工氏以水紀故爲水

師而水名杜預云共工氏以諸侯伯有九州者在神農之前太昊之後亦受水瑞以水名官蓋其與炎黃諸帝均受五行之瑞無所低昂是亦爲王明矣其子曰后土能平九州至今祀以爲社前所紀謂周人去其行序恐非也至於怒觸不周之山天傾西北地不滿東南此説尤爲誕罔洪氏出於此本曰共左傳所書晉左行共華魯共劉皆其裔也後又推本水德之緒加水於左而爲洪云堯典所稱共工方鳩僝功即舜所

流者非此也特以名官故舜命垂爲之

漢志之誤

昔人謂顔師古爲班氏忠臣以其注釋紀傳雖有舛誤必委曲爲之辨故也如五行志中最多其最顯顯者與尚書及春秋乖戾爲甚桑穀共生於朝劉向以爲商道既衰高宗乘敝而起既獲顯榮怠於政事國將危亡故桑穀之異見武丁恐駭謀於忠賢顔注曰桑穀自太戊時生而此云高宗時其説與尚書大傳不同未詳其義

或者伏生差謬按藝文志自云桑穀共生太戊以輿鳴雉登鼎武丁爲宗乃是本書所言豈不可爲明證而翻以伏生爲謬何也僖公二十九年大雨雹劉向以爲信用公子遂遂專權自恣僖公不寤後二年殺子赤立宣公文公十六年蛇自泉宮出劉向以爲其後公子遂殺二子而立宣公此是文公末年事而劉向既書之又誤以爲僖顔無所辨隱公三年日有食之劉向以爲其後鄭獲魯隱注引狐壤之戰隱公獲

焉此自是隱爲公子時事耳左傳記之甚明宣公十五年王札子殺召伯毛伯董仲舒以爲成公時其他如言楚莊始稱王晉滅江之類顏雖隨事敷演皆云未詳其説終不肯正詆其疵也地理志中沛郡公丘縣曰故滕國周懿王子叔繡所封顏引左傳郜雍曹滕文之昭也爲證亦云未詳其義眞定之肥纍菑川之劇泰山之肥城皆以爲肥子國而遂西之肥如又云肥子奔燕燕封於此魏郡元城縣云魏公子元食邑於

此因而遂氏焉常山元氏縣云趙公子元之封邑故曰元氏不應兩邑命名相似如此正文及志五引滹池河皆注云虖音呼池音徒河反又五伯迭興注云此五伯謂齊威宋襄晉文秦穆楚莊也而諸侯王表五伯扶其弱注云謂齊威宋襄晉文秦穆吳夫差也異姓諸侯王表適戍彊於五伯注云謂昆吾大彭豕韋齊威晉文也均出一書皆師古注辭而異同如此

漢將軍在御史上

漢書百官公卿表御史大夫掌副丞相位上卿銀印青綬前後左右將軍亦位上卿而金印紫綬故霍光傳所載羣臣連名奏曰丞相敞大將軍光車騎將軍安世度遼將軍明友前將軍增後將軍充國御史大夫誼且云羣臣以次上殿然則凡雜將軍皆在御史大夫上不必前後左右也

上元張燈

上元張燈太平御覽所載史記樂書曰漢家祀

太一以昏時祠到明今人正月望日夜游觀燈是其遺事而今史記無此文唐韋述兩京新記曰正月十五日夜勑金吾弛禁前後各一日以看燈本朝京師增為五夜俗言錢忠懿納土進錢買兩夜如前史所謂買宴之比初用十二十三夜至崇寧初以兩日皆國忌遂展至十七十八夜予按國史乾德五年正月詔以朝廷無事區寓乂安令開封府更增十七十八兩夕然則俗云因錢氏及崇寧之展日皆非也太平興國

五年十月下元京城始張燈如上元之夕至淳化元年六月始罷中元下元張燈

七夕用六日

太平興國三年七月詔七夕嘉辰著於甲令今之習俗多用六日非舊制也宜復用七日且名爲七夕而用六不知自何時以然唐世無此說必出於五代耳

宰相參政員數

太祖登極仍用周朝范質王溥魏仁浦三宰相

四年皆罷趙普獨相越三月始創參知政事之名而以命薛居正吕餘慶後益以劉熙古是爲一相三參及普罷去以居正及沈義倫爲相盧多遜參政太宗即位多遜亦拜相凡六年三相而無一參自後頗以二相二參爲率至和二年文彦博爲昭文相劉沆爲史舘相富弼爲集賢相但用程戡一參惟至道三年吕端以右僕射獨相而吏部侍郎温仲舒兵部侍郎王化基工部尚書李至戶部侍郎李沆四參政前後未之

有也

朱崖遷客

唐韋執誼自宰相貶崖州司戶刺史命攝軍事衙推牒詞云前件官夊在朝廷頗諳公事幸期佐理勿憚縻賢當時傳以爲笑然猶未至於挫抑也盧多遜罷相流崖州知州乃牙校爲子求昏多遜不許遂侵辱之將加害不得已卒與爲昏紹興中胡邦衡銓竄新州再徙吉陽吉陽即朱崖也軍守張生亦一右列指使遇之亡狀每

旬呈必令囚首詣廷下邦衡盡禮事之至作五十韻詩爲其生日壽性命之憂朝不謀夕是時黎酋聞邦衡名遣子就學其居去城三十里嘗邀致入山見軍守者荷枷絣西廡下酋指而語曰此人貪虐已甚吾將殺之先生以爲何如邦衡曰其死有餘罪果若此足以洗一邦怨心然旣蒙垂問切有獻焉賢郎所以相從者爲何事哉當先知君臣上下之名分此人固亡狀要之爲一州主所謂邦君也欲訴其過合以告海南

安撫司次至廣西經畧司俟其不行然後訟于樞密院令不應擅殺人也酋悟遽釋之令自書一紙引咎乃再拜而出明日邦衡歸張詣門悔謝殊感再生之恩自此待爲上客邦衡以隆興初在侍從録所作生日詩示仲兄文安公且備言昔日事乃知去天萬里身陷九淵日與死迫古今一轍也

張士貴宋璟

唐太宗自臨治兵以部陳不整命大將軍張士

貴杖中郎將等怒其杖輕下士貴吏魏證諫曰將軍之職爲國爪牙使之執杖已非後法況以杖輕下吏乎上亟釋之明皇開元三年御史大夫宋璟坐監朝堂杖人杖輕貶睦州刺史姚崇爲宰相弗能止盧懷謹亦爲相疾亟表言璟明時重器所坐者小望垂矜録上深納之太宗明皇有唐賢君也而以杖人輕之故加罪大將軍御史大夫可謂失政刑矣

韓歐文語

盤谷序云坐茂林以終日濯清泉以自潔采於山美可茹釣於水鮮可食醉翁亭記云野花發而幽香佳木秀而繁陰臨溪而漁溪深而魚肥釀泉爲酒泉香而酒洌山殽野蔌雜然而前陳歐公文勢大抵化韓語也然釣於水鮮可食與臨溪而漁溪深而魚肥采於山與山殽前陳之句煩簡工夫則有不侔矣

容齋三筆卷第一

容齋三筆卷第二十六則

漢宣帝不用儒

漢宣帝不好儒至云俗儒不達時宜好是古非今使人眩於名實不知所守何足委任康衡爲平原文學學者多上書薦衡經明當世少雙不宜在遠方事下蕭望之梁丘賀望之奏衡經學精習説有師道可觀覽宣帝不甚用儒遣衡歸故官司馬温公謂俗儒誠不可與爲治獨不可求眞儒而用之乎且是古非今之説秦始皇李

斯所禁也何爲而効之邪既不用儒生而專委中書宦官宏恭石顯因以擅政事卒爲後世之禍人主心術可不戒哉

國家府庫

眞宗嗣位之初有司所上天下每歲賦入大數是時至道三年也凡收穀二千一百七十萬碩錢四百六十五萬貫絹紬一百九十萬匹絲綿六百五十八萬兩茶四十九萬斤黃蠟三十萬斤自後多寡不常然大略具此方國家全盛民

力充足故於征輸未能爲害今之事力與昔者不可同日而語所謂緡錢之入殆過十倍民日削月朘未知救弊之術爲可慮耳黄蠟一項今不聞有此數

劉項成敗

漢高帝項羽起兵之始相與北面共事懷王及入關破秦子嬰出降諸將或言誅秦王高帝曰始懷王遣我固以能寬容且人已服降殺之不祥乃以屬吏至羽則不然既殺子嬰屠咸陽使

人致命於懷王王使如初約先入關者王其地羽迺曰懷王者吾家武信君所立耳非有功伐何以得顓主約今定天下皆將相諸君與籍力也懷王亡功固當分其地而王之於是陽尊王爲義帝卒至殺之觀此二事高帝既成功猶敬佩王之戒羽背主約其末至於如此成敗之端不待智者而後知也高帝微時嘗繇咸陽縱觀秦皇帝喟然太息曰大丈夫當如此矣至羽觀始皇則曰彼可取而代也雖史家所載容有文

飾然其大旨固可見云

占術致禍

吉凶禍福之事蓋未嘗不先見其祥然固有知之信之而翻取殺身亡族之害者漢昭帝時昌邑石自立上林僵柳復起蟲食葉曰公孫病已立眭孟上書言當有從匹夫爲天子者勸帝索賢人而禪位孟坐祅言誅而其應乃在孝宣正名病已哀帝時夏賀良以爲漢歷中衰當更受命遂有陳聖劉太平皇帝之事賀良坐不道誅

及王莽篡竊自謂陳後而光武實應之宋文帝時孔熙先以天文圖讖知帝必以非道晏駕由骨肉相殘江州當出天子遂謀大逆欲奉江州刺史彭城王義康熙先既誅義康亦被害而帝竟有子禍孝武帝乃以江州起兵而即尊位薄姬在魏王豹宮許負相之當生天子豹聞言心喜因背漢致夷滅而其應乃在漢文帝唐李錡據潤州反有相者言丹陽鄭氏女當生天子錡聞之納爲侍人錡敗没入掖庭得幸憲宗而生

宣宗五代李守正爲河中節度使有術者善聽人聲聞其子婦符氏聲驚曰此天下之母也守正曰吾婦猶爲天下母吾取天下復何疑哉於是決反已而覆亡而符氏乃爲周世宗后

絳侯萊公

漢周勃誅諸呂立文帝以安劉氏及爲丞相朝罷趨出意得甚上禮之恭常目送之爰盎進曰丞相何如人也上曰社稷臣盎曰絳侯所謂功臣非社稷臣社稷臣主在與在主亡與亡方呂

后時諸吕用事擅相王絳侯爲太尉本兵柄弗能正吕后崩大臣相與共誅諸吕太尉主兵適會其成功所謂功臣非社稷臣丞相如有驕主色陛下謙遜臣主失禮竊爲陛下弗取也後朝上益莊丞相益畏久之勃遂有逮繫廷尉之禍幾於不免寇萊公決澶淵之策真宗待之極厚王欽若深害之一日會朝準先退欽若進曰陛下敬畏寇準爲其有社稷功邪上曰然欽若曰臣不意陛下出此言澶淵之役不以爲耻而謂

準有社稷功何也上愕然曰何故對曰城下之盟雖春秋時小國猶耻之今以萬乘之貴而爲此舉是盟於城下也其何耻如之上憮然不能答由是顧準稍衰旋即罷相終海康之貶嗚呼絳侯萊公之功揭若日月而蓋與欽若以從容一言移兩明主意訖致二人於罪斥讒言罔極吁可畏哉

無名殺臣下

傳曰欲加之罪其無辭乎古者置人於死地必

求其所以死然固有無罪殺之而必爲之名者張湯爲漢武造白鹿皮幣大農顏異以爲本末不相稱天子不悦湯又與異有隙異與客語初令下有不便者異不應微反脣湯奏當異九卿見令不便不入言而腹非論死自是後有腹非之法曹操始用崔琰後爲人所譖罰爲徒隷使人視之詞色不撓操令曰琰雖見刑而對賓客虬須直視若有所瞋遂賜琰死隋煬帝殺高熲之後議新令久不決薛道衡謂朝士曰向使高

頗不死令決當久行有人奏之帝怒付執法者推之裴藴奏道衡有無君之心推惡於國妄造禍端論其罪名似如隱昧原其情意深爲悖逆帝曰公論其逆妙體本心遂令自盡寃哉此三臣之死也

平天冠

祭服之冕自天子至于下士執事者皆服之特以梁數及旒之多少爲別俗呼爲平天冠蓋指言至尊乃得用范純禮知開封府中旨鞫淳澤

村民謀逆事審其故乃嘗入戲場觀優歸塗見匠者作桶取而戴於首曰與劉先主如何遂爲匠擒明日入對徽宗問何以處對曰愚人村野無所知若以叛逆蔽罪恐辜好生之德以不應爲杖之足矣按後漢輿服志蔡邕注冕冠曰鄙人不識謂之平天冠然則其名之傳久矣

介推寒食

左傳晉文公反國賞從亡者介之推不言祿祿亦弗及推遂與母偕隱而死晉侯求之不獲以

緜上爲之田曰以志吾過緜上者西河介休縣地也其事始末只如此史記則曰子推從者書宮門有一蛇獨怨之語文公見其書使人召之則亡聞其入緜上山中於是環山封之名曰介山雖與左傳稍異而大略亦同至劉向新序始云子推怨於無爵齒去而之介山之上文公待之不肯出以謂焚其山宜出遂不出而焚死是後雜傳記如汝南先賢傳則云太原舊俗以介子推焚骸一月寒食鄴中記云并州俗冬至後

一百五日爲子推斷火冷食三日魏武帝以太原上黨西河鴈門皆沍寒之地令人不得寒食亦爲冬至後百有五日也按後漢周舉傳云太原一郡舊俗以介子推焚骸有龍忌之禁至其亡月咸言神靈不樂舉火由是士民每冬中輒一月寒食莫敢煙爨舉爲并州刺史乃作吊書置子推廟言盛冬去火殘損民命非賢者之意宣示愚民使還温食於是衆惑稍解風俗頗革然則所謂寒食乃是冬中非今節令二三月開

也

進士訴黜落

天禧三年京西轉運使胡則言滑州進士楊世質等訴本州黜落即取元試卷付許州通判崔立看詳立以爲世質等所試不至紕繆已牒滑州依例解發詔轉運司具析不先奏裁直令解發緣由以聞其試卷仰本州繳進世質等仍未得解發及取到試卷詔貢院定奪乃言詞理低次不合充薦復黜之而劾胡則崔立之罪蓋是

時貢舉條制猶未堅定故有被黜而來訴其枉者至於省試亦然如葉齊之類由此登第後來無此風矣

後漢書載班固文

班固著漢書制作之工如英莖咸韶音節超詣後之爲史者莫能及其髣髴可謂盡善矣然至後漢中所載固之文章斷然如出兩手觀謝夷吾傳云第五倫爲司徒使固作奏薦之其辭至有才兼四科行包九德之語其他比喻引稷契

咎繇傳說伊呂周召管晏此爲一人之身而唐虞商周聖賢之盛者皆無以過而夷吾乃在方術傳中所學者風角占候而巳固之言一何太過歟

趙充國馬援

前漢先零羌犯塞趙充國平之初置金城屬國以處降羌西邊遂定成帝命揚雄頌其圖畫至比周之方虎後漢光武時西羌入居塞內來歙奏言隴西侵殘非馬援莫能定乃拜援太守追

討之羌來和親於是隴右清靜而自永平以後訖于靈帝十世之間羌患未嘗少息故范曄著論以爲二漢御戎之方爲失其本先零侵境趙充國遷之内地當煎作過馬文淵徙之三輔貪其暫安之埶信其馴服之情計日用之權宜忘經世之遠略豈夫識微者之爲乎援徙當煎於三輔不見其事西羌傳云援破降先零徙置天水隴西扶風三郡事已具援傳然援本傳蓋無其語唯段紀明與張英爭討東羌奏䟽正謂趙

馬之失至今爲梗充國文淵爲漢名臣段熲之如此故曄據而用之豈其然乎

漢人希姓

兩漢書所載人姓氏有後世不著見者甚多漫紀于此以助氏族書之脫遺複姓如公上不害合傳胡害室中同昭涉掉尾單父右軍陽城延息夫躬游水發根吾丘壽王落下閎梁丘賀五鹿充宗公戶滿意堂谿惠申章昌告星賜闞門慶忌安國少季馬適建都尉朝毋將隆紅陽長

仲烏氏嬴周陽由勝屠公毋鹽氏歐侯氏士孫
喜索盧恢屠門少瓜田儀工師喜駮馬少伯公
乘歙鮭陽鴻弓里游公沙穆胡毋班周生豐友
通期公緒恭公族進階水丘岑叔先雄單姓如
緡賀蟲達靈常賁赫其石旅卿祕彭祖華朱穋
樂冷豐冥都澓中翁蒯徹直不疑閭孺使樂成
栝育制氏猗頓義縱雋不疑疏廣云敞枚乘終
軍鹵公孺食子公馯臂傰宗衡胡乘宏簡卿快
欽所忠假倉君眭孟疐惲塗惲射姓后倉姓偉如

氏苴氏百政免公髮福質氏濁賢稽發萬章膶

氏佗羽繡君賓漕中叔栩丹帛儆遲昭平汝臣

駒幾稱忠逯普臺崇沐茂匽氏勞丙抗徐闞宣

沮儁畢整編訢豊誦尋穆夜龍弓林行巡祋諷

角閻芳丹堅鐔錫光俉偉重異力子都維汜詩

索繇延夷長公防廣鐔顯移良緤玉蕃鄉渠穆

臨孝存脂胥笮融茨充處輿輿渠具爰諒輔騰

是卿仲遼謁煥矯眞晃華洼丹禰衞

絳灌

漢書陳平傳絳灌等讒平顏師古注云舊說云絳絳侯周勃也灌灌嬰也而楚漢春秋高祖之臣别有絳灌疑昧之文不可據也賈誼傳絳灌東陽侯之屬盡害之注亦以爲勃嬰按史記陳平世家曰絳侯灌嬰等咸讒平則其爲兩人明甚師古不必爲疑辭也楚漢春秋陸賈所作皆書當時事而所言多與史不合師古蓋屢辨之矣史漢外戚竇皇后傳實書絳侯灌將軍此最的證也夏侯嬰爲滕令故稱滕公而史并灌嬰

書爲滕灌賈誼所稱亦然甚與絳灌相類楚漢
春秋一書今不復見李善注文選劉歆移博士
書云楚漢春秋曰漢已定天下論羣臣破敵禽
將活死不衰絳灌樊噲是也功成名立臣爲爪
才世世相屬百出無邪絳侯周勃是也然則絳
灌自一人非絳侯與灌嬰師古所謂疑昧之文
者此耳張耳歸漢即立爲趙王子敖廢爲侯敖
子偃嘗爲魯王文帝封爲南宮侯而楚漢春秋
有南宮侯張耳淮陰舍人告韓信反史記表云

欒說漢表云樂說而楚漢以爲謝公其誤可見

題詠絶唱

錢仲仲大夫於錫山所居漆塘村作四亭自其先人已有卜築之意而不克就故名曰遂初先壠在其上名曰望雲種桃數百千株名曰芳美鑿地涌泉或以爲與惠山泉同味名曰適惠求詩於一時名流自葛魯卿汪彥章孫仲益既各極其妙而毋舅蔡載天任四絶獨擅場遂初亭曰結廬傍林泉偶與初心期佳處時自領未應

魚鳥知望雲亭曰白雲來何時英英冠山椒西風莫吹去使我心搖搖芳美亭曰高人不惜地自種無邊春莫隨流水去恐汙世間塵通惠亭曰水行天地間萬派同一揩胡爲穿石來要洗巢由耳四篇既出諸公皆自以爲弗及也吳傳朋遊絲書賦詩者以百數汪彥章五言數十句多用翰墨故事固已超拔而劉子翬彥冲古風一篇蓋爲絕唱其辭云圓淸無瑕二三月時見

游絲轉空闊誰人寫此一段奇著紙春風吹不

脫紛紜糾結疑非書安得龍蛇如許臞神蹤政
喜縈不斷老眼只愁看若無定知苗裔出飛白
古人妙處君濳得勿輕漠漠一縷浮力遒可挂
千鈞石眷予弟兄情不忘軸之遠寄悠然堂謝
公遺髯凜若活衞后落鬢搖人光飜思長安夜
飛蓋醉哦聲落南山外亂離契闊四十秋筆意
與人俱老大政成著脚明河津外家風流今絕
倫文章固自有機杼戲事豈足勞心神此章尤
為馳騁痛快且卒章含譏諷正中傳朋之癖予

少時見二公所作殊敬愛之至今五十年尚能記憶懼其益久而不傳故紀於此

秀才之名

秀才之名自宋魏以後實爲貢舉科目之最而今人恬於習玩每聞以此稱之輒指爲輕巳因閲北史杜正玄傳載一事云隋開皇十五年舉秀才試策高第曹司以策過左僕射楊素素怒曰周孔更生尚不得爲秀才刺史何忽妄舉此人乃以策抵地不視時海内唯正玄一人應秀

才曹司重以啓素素志在試退正玄乃使擬相如上林賦王褒聖主得賢臣頌班固燕然山銘張載劒閣銘白鸚鵡賦曰我不能爲君住宿可至未時令就正玄及時並了素讀數徧大驚曰誠好秀才命曹司録奏蓋其重如此又正玄弟正藏次年舉秀才時蘇威監選試擬賈誼過秦論尚書湯誓匠人箴連理樹賦几賦弓銘亦應時並就文無點竄然則可謂難矣唐書杜正倫傳云隋世重舉秀才天下不十人而正倫一門

三秀才皆高第乃此也

魏收作史

魏收作元魏一朝史修史諸人多被書録飾以美言夙有怨者多没其善每言何物小子敢共魏收作色舉之則使上天按之當使入地故衆口喧然稱爲穢史諸家子孫前後投訴云遺其家世職位或云不見記録或云妄有非毀至於坐謗史而獲罪編配因以致死者其書今存視南北八史中最爲冗謬其自序云漢初魏無知

封高良侯子均均子恢恢子彥彥子歆歆子悅悅子子建子建子收無知於收爲七代祖而世之相去七百餘年其妄如是則其述他人世系與夫事業可知矣

容齋三筆卷第二

容齋三筆卷第三十九則

兎葵燕麥

劉禹錫再游元都觀詩序云唯兎葵燕麥動搖春風耳今人多引用之予讀北史邢邵傳載邵一書云國子雖有學官之名而無教授之實何異兎絲燕麥南箕北斗哉然則此語由來久矣爾雅曰莃兎葵蘥雀麥郭璞注曰頗似葵而葉小狀如藜雀麥即燕麥有毛廣志曰菟葵爚之可食古歌曰田中菟絲何嘗可絡道邊燕麥何

嘗可穫皆見於太平御覽上林賦蔵析苞荔張揖注曰析似燕麥音斯葉庭珪海録碎事云兎葵苗如龍芮花白莖紫燕麥草似麥亦曰雀麥但未詳出於何書

北狄俘虜之苦

元魏破江陵盡以所俘士民爲奴無問貴賤蓋北方夷俗皆然也自靖康之後陷於金虜者帝子王孫宦門仕族之家盡没爲奴婢使供作務每人一月支稗子五斗令自舂爲米得一斗八

升用爲餱糧歲支麻五把令緝爲裘此外更無一錢一帛之入男子不能緝者則終歲裸體虜或哀之則使執爨雖時負火得煖氣然纔出外取柴歸再坐火邊皮肉即脫落不日輒死惟喜有手藝如醫人繡工之類尋常只團坐地上以敗席或蘆藉襯之遇客至開筵引能樂者使奏技酒闌客散各復其初依舊環坐刺繡任其生死視如草芥先公在英州爲攝守蔡寯言之蔡書於甲戌日記後其子大器録以相示此松漠

記聞所遺也

太守刺史贈吏民官

漢薛宣爲左馮翊池陽令舉廉吏獄掾王立未及召立妻受囚家錢慙恐自殺宣移書池陽曰其以府決曹掾書立之柩以顯其魂顔師古注云以此職追贈也後魏并州刺史以部民吴悉達兄弟行著鄉里板贈其父渤海太守此二者皆以太守刺史而擅贈吏民官職不以爲過後世不敢然也

李元亮詩啓

建昌縣士人李元亮，山房公擇尚書族子也。抱材尚氣，不以辭色假人。崇寧中在大學，蔡嶷爲學録，元亮惡其人，不以所事前廊之禮事之。蔡擢第魁多士，元亮失意歸鄉。大觀二年冬，復詣學，道過和州，蔡解褐即超用，纔二年至給事中，出補外，正臨此邦。元亮不肯入謁，蔡自到官，即戒津吏門卒：凡士大夫往來，無問官高卑，必飛報，雖布衣亦然。既知其來，便命駕先造所館。元亮驚喜出迎謝曰所以來顓爲門下之故方脩贄見之禮須明旦扣典客不意給事先生卑躬下賤如此前贄不可復用當别撰一通然後敬謁蔡退元亮旋營一啓旦而往焉其警策曰定館而見長者古所不然輕身以先匹夫今無此事蔡摘讀嗟歎留宴連夕贈以五十萬錢且致書延譽於諸公間遂登三年貢士科元亮亦工詩如人間知晝永花落見春深朝雨未休還暮雨臘寒纔過又春寒皆佳句也

元魏改功臣姓氏

魏孝文自代遷洛欲大革胡俗既自改拓跋爲元氏而諸功臣舊族自代來者以姓或重複皆改之於是拔拔氏爲長孫氏達奚氏爲奚氏乙旃氏爲叔孫氏丘穆陵氏爲穆氏步六孤氏爲陸氏賀賴氏爲賀氏獨孤氏爲劉氏賀樓氏爲樓氏勿忸于氏爲于氏尉遲氏爲尉氏其用夏變夷之意如此然至于其孫恭帝翻以中原故家易賜蕃姓如李弼爲徒河氏趙肅趙貴爲乙

叱氏劉亮爲侯莫陳氏楊忠爲普六茹氏王雄
爲可頻氏李虎閻慶爲大野氏辛威爲普毛氏
田宏爲紇干氏耿豪爲和稽氏王勇爲庫汗氏
楊紹爲叱利氏侯植爲侯伏侯氏竇熾爲紇豆
陵氏李穆爲擒拔氏陸通爲步六孤氏楊纂爲
莫胡盧氏寇儁爲若口引氏段永爲爾綿氏韓
褒爲侯呂陵氏裴文舉爲賀蘭氏王軌爲烏丸
氏陳忻爲尉遲氏樊深爲萬紐于氏一何其不
循乃祖彝憲也是時蓋宇文泰顓國此事皆出

其手遂復國姓爲拓跋而九十九姓改爲單者皆復其舊泰方以時俗文敝命蘇綽倣周書作大誥又悉改官名復周六卿之制顧乃如是殆不可曉也

東坡和陶詩

陶淵明集歸田園居六詩其末種苗在東臯一篇乃江文通雜體三十篇之一明言𫎇陶徵君田居蓋陶之三章云種豆南山下草盛豆苗稀晨興理荒穢帶月荷鋤歸故文通云雖有荷鋤

倦獨酒聊自適正擬其意也今陶集誤編入東
坡据而和之又東方有一士詩十六句復重載
於擬古九篇中坡公遂亦兩和之皆隨意即成
不復細考耳陶之首章云榮榮牕下蘭密密堂
前柳初與君別時不謂行當久出門萬里客中
道逢嘉友未言心先醉不在接盃酒蘭枯柳亦
衰遂令此言負坡和云有客扣我門繫馬庭前
柳庭空鳥雀噪門閉客立久主人枕書卧夢我
平生友忽聞剥啄聲驚散一盃酒倒裳起謝客

夢覺兩愧㒵二者金石合奏如出一手何止子由所謂遂與比轍者哉

孔戣鄭穆

唐孔戣在穆宗時爲尚書左丞上書去官天子以爲禮部尚書致仕吏部侍郎韓愈奏疏曰戣爲人守節清苦議論正平年纔七十筋力耳目未覺衰老憂國忘家用意至到如戣輩在朝不過三數人陛下不宜苟順其求不留自助也不報明年正月戣薨國朝鄭穆在元祐中以寶文

閣待制兼國子祭酒請老提舉洞霄宮給事中范祖禹言穆雖年出七十精力尚彊古者大夫七十而致仕有不得謝則賜之几杖祭酒居師資之地正宜處老成願毋輕聽其去亦不報然穆亦至明年卒二事絶相類

陳季常

陳慥字季常公弼之子居於黄州之岐亭自稱龍丘先生又曰方山子好賓客喜畜聲妓然其妻柳氏絶凶妬故東坡有詩云龍丘居士亦可

憐談空說有夜不眠忽聞河東師子吼拄杖落手心茫然河東師子指柳氏也坡又嘗醉中與季常書云一絶乞秀英君想是其妾小字黃魯直元祐中有與季常簡曰審柳夫人時須醫藥令已安平否公暮年來想漸求清淨之樂姬媵無新進矣柳夫人比何所念以致疾邪又一帖云承諭老境情味法當如此所苦既不妨游觀山川自可損藥石調護起居飲食而已河東夫人亦能哀憐老大一任放不解事邪則柳氏之

姤名固彰著于外是以二公皆言之云

文用謚字

先王謚以尊名節以壹惠故謂爲易名然則謚之爲義正訓名也司馬長卿諭蜀文曰身死無名謚爲至愚顔注云終以愚死後葉傳稱故謂之謚柳子厚招海賈文曰君不返兮謚爲愚二人所用其意則同唯王子淵簫賦曰幸得謚爲洞簫兮蒙聖主之渥恩李善謂謚者號也言得謚爲簫而常施用之以器物名爲謚其語可謂

奇矣

高唐神女賦

宋玉高唐神女二賦其為寓言託興甚明予嘗即其詞而味其旨蓋所謂發乎情止乎禮義真得詩人風化之本前賦云楚襄王望高唐之上有雲氣問玉曰此何氣也對曰所謂朝雲者也昔者先王嘗游高唐夢見一婦人曰妾巫山之女也願薦枕席王因幸之後賦云襄王既使玉賦高唐之事其夜王寢夢與神女遇復命玉賦

之若如所言則是王父子皆與此女荒淫殆近於聚麀之醜矣然其賦雖篇首極道神女之美麗至其中則云澹清靜其愔嫕兮性沉詳而不煩意似近而若遠兮若將來而復旋褰余幬而請御兮願盡心之惓惓懷正亮之絜清兮卒與我乎相難頩薄怒以自持兮曾不可乎犯干歡情未接將辭而去遷延引身不可親附願假須臾神女稱遽闇然而冥忽不知處然則神女但與懷王交御雖見夢於襄而未嘗及亂也玉之

意可謂正矣今人詩詞顧以褒王藉口考其實則非是𩔗音疋零反斂容怒色也柳子厚謫龍說有奇女𩔗爾怒之語正用此也

其言明且清

禮記緇衣篇詩云昔吾有先正其言明且清國家以寧都邑以成庶民以生誰能秉國成不自爲正卒勞百姓鄭氏注不言何詩今毛詩節南山章但有下三句而微不同經典釋文云從第一句至庶民以生五句今詩皆無此語或皆逸

詩也予按文選張華答何劭詩曰周任有遺規其言明且清然則周任所作也而李善注曰子思子詩云昔吾有先正其言明且清世之所存子思子亦無之不知善何所据意當時或有此書善必不妄也特不及周任遺規之義又不可曉

侍從轉官

元豐未改官制以前用職事官寄禄自諫議大夫轉給事中學士轉中書舍人歷三侍郎學士轉左曹禮戶吏部餘

人轉右曹工刑兵部左右丞吏侍轉左兵侍轉右然後轉六尚書各爲一官尚書贈僕射非曾任宰相者不許轉今之特進是也故侍從止於吏書由諫議至此凡十一轉其庶僚久於卿列者則自光禄卿轉祕書監繼歷太子賓客遂得工部侍郎蓋以不帶待制以上職不許入兩省給諫耳元豐改諫議爲太中大夫給舍爲通議六侍郎同爲正議左右丞爲光禄兵戶刑禮工書同爲銀青吏書金紫但六轉視舊法損其五元祐中以爲太簡增

正議光禄銀青爲左右然亦纔九資大觀二年
置通奉以易右正議正奉以易右光禄宣奉以
易左光禄以右銀青爲光禄而至銀青者去其
左字今皆仍之比倣舊制今之通奉乃工禮侍
郎正議乃刑戶正奉乃兵吏宣奉乃左右丞三
光禄乃六尚書也凡侍從序遷至金紫無止法
建炎以前多有之紹興以來階官到此絶少唯
梁揚祖葛勝仲致仕得之近歲有司不能探賾
典故予以宣奉當磨勘又該覃霈顏師魯在天

官徑給回授一據而不明言其所由此程叔達由宣奉納禄不遷官而於待制閣名超二等程大昌亦然以龍圖直學士徑升本學士尤非也予任中書舍人日已階太中及以集英修撰出外吏部不復爲理年勞凡十八年始以待制得通議殊可笑蓋臺省之中無復有老吏矣

曹子建七啓

原頭火燒淨兀兀野雉畏鷹出復没將軍欲以巧伏人盤馬彎弓惜不發地形漸窄觀者多雉

驚弓滿勁箭加衝人決起百餘尺紅翎白鏃隨傾斜將軍仰笑軍吏賀五色離披馬前墮此韓昌黎雉帶箭詩東坡嘗大字書之以爲絶妙予讀曹子建七啓論羽獵之美云人稠網密地逼勢脅乃知韓公用意所來處七啓又云名穢我身位累我躬與佛氏八大人覺經所書心是惡源形爲罪藪皆修己正心之要語也

姦鬼爲人禍

晉景公疾病求醫于秦秦伯使醫緩爲之未至

公夢疾爲二孺子曰彼良醫也懼傷我焉逃之其一曰在肓之下膏之上若我何醫至曰疾不可爲也隋文帝以子秦孝王俊有疾馳召名醫許智藏俊夢亡妃崔氏泣曰本來相迎如聞許智藏將至其人當必相苦柰何明夜復夢曰吾得計矣當入靈府中以避之及智藏至診俊脉曰疾已入心不可救也二姦鬼之害人如出一轍近世許叔微家一婦人夢二蒼頭前者云到也未後者應云到也以手中物擊一下遂魘覺

後心痛不可忍叔徵以神精丹餌之痛止而愈此事亦與上二者相似

監司待巡檢

令監司巡歷郡邑巡檢尉必迎於本界首公裳危立使者從車内遣謁吏謝之即揖而退未嘗以客禮延之也至有倨横之人責橋道不整驅之車前使徒步與卒伍齒者予記張文定公所著緡紳舊聞中一事云余爲江西轉運使往虔州巡撿殿直令保義成忠郎康懷琪乘舟於三十里相

接又欲送至大庾縣遂與偕行及至縣驛驛正廳東西各有一房予居其左康處於右日晚命之同食乞行數百步逼暮而退夜聞康暴得疾余亟趨至康所康已具舟將歸虔須臾數人扶翼而下余策杖隨之觀此則是使者與巡檢同驛而處同席而食至於步行送之登舟今代未之見也

十二分野

十二國分野上屬二十八宿其爲義多不然前

輩固有論之者矣其甚不可曉者莫如晉天文志謂自危至奎爲娵訾於辰在亥衛之分野也屬并州且衛本受封於河內商虛後徙楚丘河內乃冀州所部漢屬司隸其他邑皆在東郡屬兖州於并州了不相干而并州之下所列郡名乃安定天水隴西酒泉張掖諸郡自係凉州耳又謂自畢至東井爲實沈於辰在申魏之分野也屬益州且魏分晉地得河內河東數十縣於益州亦不相干而雍州爲秦其下乃列雲中定

襄鴈門代太原上黨諸郡𦍒又自屬并州及幽州耳謬亂如此而出於李淳風之手豈非蔽於天而不知地乎

公孫五樓

南燕慕容超嗣位之後悉以國事付公孫五樓燕業爲衰晉劉裕伐之或曰燕人若塞大峴之險堅壁清野大軍深入將不能自歸裕曰鮮卑貪婪不知遠計謂我不能持久不過進據臨朐退守廣固必不能守險清野超聞有晉師引羣

臣會議五樓曰吳兵輕果利在速戰不可爭鋒宜據大峴使不得入各命守宰依險自固焚蕩資儲芟除禾苗使敵無所資彼僑軍無食可以坐制若縱使入峴出城逆戰此下策也超不聽裕過大峴燕兵不出喜形于色遂一舉滅燕觀五樓之計正裕之所憚也超平生信用五樓獨於此不然蓋天意也五樓亦可謂智士足與李左車比肩後世姦妄擅國以誤大事者多矣無所謂五樓之智也

薦士稱字著年

漢魏以來諸公上表薦士必首及本郡名次著其年又稱其字如漢孔融薦禰衡表云處士平原禰衡年二十四字正平齊任昉爲蕭揚州作薦士表云祕書丞琅邪王暕年二十一字思晦前候官令東海王僧孺年三十五字僧孺是也唐以來乃無此式

兄弟邪正

王安石引用小人造作新法而弟安國力非之

韓絳附會安石制置三司條例以得宰相而弟維力爭之曾布當元符靖國之間陰禍善類而弟肇移書力勸之兄弟邪正之不同如此

容齋三筆卷第三

容齋三筆卷第四 十五則

三豎子

趙爲秦所圍，使平原君求救於楚，楚王未肯定從，毛遂曰：白起小豎子耳，興師以與楚戰，舉鄢郢，燒夷陵，辱王之先人，此百世之怨也。是時起已數立大功，且勝於長平矣。人告韓信反，漢祖以問諸將，皆曰：亟發兵坑豎子耳。帝默然。唯陳平以爲兵不如楚精，諸將用兵不能及信。英布反書聞，上召諸將問計，又曰：發兵擊之，阬豎子

耳夫白起信布之爲人材能不可揜以此三人
爲豎子是天下無復有壯士也毛遂之言秖欲
激怒楚王使之知合從之利害故不得不以起
爲懦夫至如高帝諸將不過周勃樊噲之儔韓
信因執而歸棲棲然處長安爲列侯蓋一匹夫
也而噲喜其過已趨拜送迎言稱臣況於據有
全楚萬乘之地事力强弱安可同日而語英布
固嘗言諸將獨患淮陰彭越今皆已死餘不足
畏則豎子之對可謂勇而無謀殆與張儀詆蘇

秦爲反覆之人相似高帝黙然顧深知其非也至於陳平則不然矣若乃韓信謂魏將栢直爲竪子則誠然栢直庸庸無所知名漢王亦稱其口尚乳臭眞一竪子也阮籍登廣武歎曰時無英雄使竪子成名蓋歎是時無英雄如昔人者俗士不達以爲籍譏漢祖雖李太白亦有是言失之矣

樞密稱呼

樞密使之名起於唐本以宦者爲之蓋内諸司

之貴者耳五代始以士大夫居其職遂與宰相等自此接于本朝又有副使知院事同知院事簽書同簽書之别雖品秩有高下然均稱爲樞密明道中王沂公自故相召爲檢校太師樞密使李文定公爲集賢相以書迎之於國門稱曰樞密太師相公予家藏此帖紹興五年高宗車駕幸平江過秀州執政從行者四人在前者傳呼宰相趙忠簡也次呼樞密張魏公也時爲知院事次呼參政沈必先也最後又呼樞密則簽

書權朝美云予爲撿詳時葉審言黃繼道爲長貳亦同一稱而二三十年以來遂有知院同知之目初出於典謁街卒之口久而朝士亦然名不雅古莫此爲甚

從官事體

國朝優待侍從故事體名分多與庶僚不同然有處之合宜及肆意者如任知州申發諸司公狀不繫銜與安撫監司序官往還用大狀不書年引接用朱衣通判入都廳之類皆雜著於令

式其明載國史者尚可考大中祥符五年六月
詔尚書丞郎兩省給諫知州府而本部郎中員
外郎及兩省六品以下官充本路轉運使副者
承前例須申報雖職當統攝方委於事權而官
有等差宜明於品級自今知制誥觀察使以上
知州府處所申轉運司狀並止簽案檢令通判
以下具銜供申張詠以禮部尚書知昇州上言
臣官忝六曹祠部乃本行司局而例申公狀似
未合宜望自今尚書丞郎知州者除申省外其

本行曹局止簽案撿從之紹興中范同以前執政知太平州官係中大夫不帶職申諸司狀繫銜提刑張絢封還之范竟不改次年轉太中再任始去之劉焞爲江西運判移牒屬郡知通云請聯銜具報邁時以太中守贛以於式不可乃作公劄同通判簽書劉邦翰曾任權侍郎以朝議大夫集英修撰知饒州趙燁以承議郎提點刑獄欲居其上劉不按趙又畏人議已於是遇朝拜國忌日先後行香王十朋自侍御史徙權

吏部侍郎不拜除集撰知饒州自處如庶官林大中亦自侍御史改吏侍不曾供職除直寶文閣知贛州全銜猶帶權知兼勸農事借紫而盡用從官禮數黃濙爲通判入都廳爲之不平鄭汝諧除權侍郎爲東省所繳不得供職而以祕撰知池州公狀至提刑司不繫銜爲鄧駉牒問唐瑑以司農少卿王佐以中書檢正皆暫兼權戶侍及出知湖饒二州悉用朱衣雙引此數君皆失於討問典章非故爲尊大也陳居仁以大

中集撰知鄂州只用一朱衣蓋在法學士乃雙引人以爲得體邁頊守顗建官職與居仁等而誤用兩朱殊以自悔又如監司見前執政雖本路並客位下馬伯氏以故相帶觀文學士帥越提舉宋藻穿戟門訶殿云浙東監司如何不得穿紹興府門將至廳事始若勉就客位者主人亟令掖以還

九朝國史

本朝國史凡三書太祖太宗眞宗曰三朝仁宗

英宗曰兩朝神宗哲宗徽宗欽宗曰四朝雖各自紀事至於諸志若天文地理五行之類不免煩複元豐中三朝已就兩朝且成神宗專以付曾鞏使合之鞏奏言五朝舊史皆累世公卿道德文學朝廷宗工所共準裁既已勒成大典豈宜輒議損益詔不許始謀篡定會以憂去不克成其後神哲各自爲一史紹興初以其是非褒貶皆失實廢不用淳熙乙巳邁承乏修史丙午之冬成書進御遂請合九朝爲一壽皇即以見

屬嘗奏云臣所爲區區有請者蓋以二百年間典章文物之盛分見三書倉卒討究不相貫屬及累代臣僚名聲相繼當如前史以子係父之體類聚歸一若夫制作之事則已經先正名臣之手是非褒貶皆有据依不容妄加筆削乞以此奏下之史院俾後來史官知所以編纂之意無或輒將成書擅行刪改上曰如有未穩處改削無害邁既奉詔開院亦修成三十餘卷矣而有永思攢宫之役纔歸即去國尤袁以高宗皇

帝實録爲辭請權罷史院於是遂已祥符中王
旦亦曾修撰兩朝史今不傳

銀牌使者

金國每遣使出外貴者佩金牌次佩銀牌俗呼
爲金牌銀牌郎君北人以爲契丹時如此牌上
若篆字六七或云阿骨打花押也殊不知此本
中國之制五代以來庶事草創凡乘置奉使於
外但給樞密院牒國朝太平興國三年因李飛
雄矯乘廄馬詐稱使者欲作亂旣捕誅之乃詔

自今乘驛者皆給銀牌國史云始復舊制然則
非起於虜也端拱二年復詔先是馳驛使臣給
篆書銀牌自今宜罷之復給樞密院牒

省錢百陌

用錢爲幣本皆足陌梁武帝時以鐵錢之故商
賈浸以姦詐自破嶺以東八十爲百名曰東錢
江郢以上七十爲百名曰西錢京師以九十爲
百名曰長錢大同元年詔通用足陌詔下而人
不從錢陌益少至于末年遂以三十五爲百唐

之盛際純用足錢天祐中以兵亂窘乏始令以八十五爲百後唐天成又減其五漢乾祐中王章爲三司使復減三皇朝因漢制其輸官者亦用八十或八十五然諸州私用猶有隨俗至於四十八錢太平興國二年始詔民間緡錢定以七十七爲百自是以來天下承用公私出納皆然故名省錢但數十年來有所謂頭子錢每貫五十六除中都及軍兵俸料外自餘州縣官民所當得其出者每百纔得七十一錢四分其入

者每百爲八十二錢四分元無所謂七十七矣民閒所用多寡又益不均云

舊官銜冗贅

國朝官制沿晚唐五代餘習故階銜失之冗贅予固已數書之比得皇祐中李端愿所書雪竇山三大字其左云鎮潼軍節度觀察留後金紫光禄大夫檢校刑部尚書使持節華州諸軍事華州刺史兼御史大夫上柱國凡四十一字自元豐以後更使名罷文散階檢校官持節憲銜

勳官只云鎭潼軍承宣使六字比舊省去三十五可謂簡要會稽禹廟有唐天復年越王錢鏐所立碑其全銜九十五字尤爲冗也

吏胥侮洗文書

郡縣胥史揩易簿案鄉司尤甚民已輸租稅朱批於戶下矣有所求不遂復洗去之邑官不能察而又督理比其持赤鈔爲證則追逮橫費爲害已深此特小小者耳臺省亦然予除翰林日所被告命後擬云可特授依前正奉大夫充翰

林學士蓋初書黃時全文故官告院據以爲式其制當爾而告身全銜亦云告正奉大夫充翰林學士子以語吏部蕭照鄰尚書曰如此則學士繫銜在官下於故事有戾今欲書謝表當如何蕭悚然旋遣部主事與告院書吏至乞借元告以去明日持來則已改正移職居官上但減一充字於行內微覺踈其外印文濃淡了無異其妙至此

宣告錯誤

士大夫告命間有錯誤如文官則猶能自言書鋪亦不敢大有邀索獨右列爲可憐而軍伍中出身者尤甚予撿詳密院諸房日有涇原副都軍頭乞換授而所持宣內添注副字爲房吏所沮都頭者不能自明兩樞密以事見付予視所添字與正文一體以白兩樞曰使詐者爲姦當妄增品級不應肯以都頭而自降爲副其爲寫宣房之失無可疑也樞以爲然乃爲改正武翼郎李青當磨勘尚左驗其文書其始爲大李青

吏以爲罔冒青無詞以答周茂振權尚書閲其告命十餘通其一告前云大李青而告身誤去大字故後者相承只云李青即日放行遷秩且給公據付之兩人者幾困於吏手幸而獲直用是以知枉鬱不伸者多矣

軍中抵名爲官

紹興以來兵革務煩軍中將校除官者大帥盡藏其告命只語以所居官其有事故亡没者亦不關申省部除籍或徑以付他人至或從白身

使爲郎大夫者楊和王爲殿帥罷一統領使歸部而申樞密院云此人元姓名曰許超只是挍尉偶有修武郎李立告使之冒名因得冒轉續以戰功積累今爲武顯大夫既已離軍自合依本姓名及元職位超詣院訴而不能爲之詞予檢詳兵房爲言曰一時冒與自是主將之命修武以前固非此人當得若武翼之後皆用軍功使其戰死於陣則性命須要超承當今但當勉除不應得九官而理還其餘資庶合人情於理

爲順兩樞密甚然予說即奏行之

禍福有命

秦氏顓國得志益厲刑辟以箝制士大夫一言語之過差一文詞之可議必起大獄竄之嶺海於是惡子之無俾者恃告訐以進趨超然以君子之澤五世而斬責汀州吳仲實以夏三子傳流容州張淵道以張和公生日詩幾責柳而幸脫皆是也予教授福州日因訪何大圭忽問君識大星乎答曰未之學曰豈不能認南方中夏

所見列宿乎曰此却粗識一二大圭曰君今夕試仰觀熒惑何在是時正見於南斗之西後月餘再相見時連旬多陰所謂火曜已至斗魁之東矣大圭曰使此星入南斗自有故事予聞其語固已竦然明日來相訪曰吾曹元不洞曉天文昨晚葉子廉見顧言及於此處頗云是名魏星無人能識非熒惑也予曰十二國星只在牛女之下經星不動安得轉移圭曰乾象欲示變何所不可子廉云後漢建安二十五年亦曾出

蓋秦正封魏國公圭意比之曹操子大駭不復敢酬應他日與謝景思葉晦叔言之且曰使邁爲小人告訐之舉有所不能萬一此段彰露爲之柰何謝葉曰可以言命矣與是人相識便是不幸不如靜以待之時歲在巳巳又六年秦亡予知免禍乃始不恐

眞宗北征

眞宗親征契丹幸澶淵以成却敵之功是時景德元年甲辰決此計者寇萊公也然前五歲當

咸平二年己亥契丹寇北邊上自將禦之至澶州大名府閤范廷召破虜於莫州北乃還京時張文定公李文靖公爲相不知何人贊此決而後來不傳用是以知眞宗非宴安酖毒而有所畏者故寇公易以進言

宰相不次補

景德元年七月宰相李沆薨時無他相中書有參知政事王旦王欽若不次補寇準爲三司使眞宗欲相之患其素剛難獨任乃先以翰林侍

讀學士畢士安爲參政纔一月並命士安準爲相而士安居上旦欽若各遷官而已準在太宗朝已兩爲執政今士安乃由侍從超用惟辟作福圖任大臣蓋不應循循歷階而升也

外制之難

中書舍人所承受詞頭自唐至本朝皆只就省中起草付吏逮於告命之成皆未嘗越日故其職爲難其以敏捷稱者如韋承慶下筆輒成未嘗起草陸扆初無思慮揮翰如飛顏蕘草制數

十無妨談笑鄭畋動無滯思同僚閣筆劉敞臨出局倚馬一揮九制皆見書於史策其遲鈍窘擾者如陸餘慶至晚不能裁一言和㠓閉戶精思徧討羣籍與夫斲窻舍人紫微失却張君房之類蓋以必欲速成故也周廣順初中書舍人劉濤責授少府少監分司西京坐遣男項代草制詞並項時爲監察御史亦責復州司戶自南渡以來典故散失每除書之下先以省劄授之而續給告以是遷延稽滯段拂居官時纔還家

即掩關謝客畏其趣詞命也先公使虜歸除徽猷閣直學士時劉才卲當制日於漏舍囑之至先公出知饒州幾將一月猶未受告其他倩諉朋舊俾之假手者多矣故膺此選者不覺其難殊與昔異

文臣換武使

祖宗之世文臣換授武使皆不越級錢若水自樞密副使罷守工部侍郎後除帥并州乃換鄧州觀察使王嗣宗以中書侍郎李士衡以三司

使李維以尚書王素以端明左丞亦皆觀察慶曆初以陝西四帥方禦夏羌欲優其俸賜故韓琦范仲淹王沿龐籍皆以樞密龍圖直學士換爲廉車自南渡以來始大不然張澄以端明學士楊倓以敷文學士便爲節度近者趙師夔吳琚以待制而換承宣使不數月閒遇恩即建節鉞師揆師垂以祕閣修撰換觀察使皆度越彝憲誠異恩也

容齋三筆卷第四

容齋三筆卷第五 十七則

舜事瞽叟

孟子之書上配論語唯記舜事多誤故自國朝以來司馬公李泰伯及吕南公皆有疑非之説其最大者證萬章塗廩浚井象入舜宫之問以爲然也孟子既自云堯使九男事之二女女焉百官牛羊倉廩備以事舜於畎畝之中則井廩賤役豈不能使一夫任其事堯爲天子象一民耳處心積慮殺兄而據其妻是爲公朝無復有

紀綱法制矣六藝折中於夫子四岳之薦舜固
曰瞽子父頑母嚚象傲克諧以孝烝烝乂不格
姦然則堯試舜之時頑傲者既已格乂矣舜履
位之後命禹征有苗益曰帝初于歷山往于田
日號泣于旻天于父母負罪引慝祇載見瞽瞍
夔夔齋慄瞽亦允若既言允若豈得復有殺之
之意乎司馬公亦引九男百官之語烝烝之對
而不及益贊禹之辭故詳敘之以示子姪輩若
司馬遷史記劉向列女傳所載蓋相承而不察

耳至於桃應有瞽叟殺人之問雖曰設疑似而請然亦可謂無稽之言孟子拒而不答可也頓再三爲之辭宜其起後學之惑

孔子正名

子路曰衛君待子而爲政子將奚先子曰必也正名乎子路曰子之迂也奚其正夫子責數之以爲野蓋是時夫子在衛當輒爲君之際留連最久以其拒父而竊位故欲正之此意明白然子欲適晉聞其殺鳴犢臨河而還謂其無罪而

殺士也里名勝毋曾子不入邑稱朝歌墨子回車邑里之名不善兩賢去之安有命世聖人而肯居無父之國事不孝之君哉是可知已夫子所過者化不令而行不言而信衞輒待以爲政嘗非下愚而不移者苟其用我必將導之以天理而趣反其眞所謂命駕虛左而迎其父不難也則其有補於名義豈不大哉爲是故不忍亟去以須之旣不吾用於是慨然反魯則輒之冥頑悖亂無所逃於天地之閒矣子路曾不能詳

味聖言執迷不悟竟於身死其難惜哉

潛火字誤

今人所用潛火字如潛火軍兵潛火器具其義爲防然以書傳考之乃當爲熸左傳襄二十六年楚師大敗王夷師熸昭二十三年子瑕卒楚師熸杜預皆注曰吳楚之閒謂火滅爲熸釋文音子潛反火滅也禮部韻將廉反皆讀如殲音則知當曰熸火

永興天書

大中祥符天書之事起於佞臣固無足言而寇萊公在永興軍信朱能之詐亦爲此舉以得召入再登相位馴致雷州之禍鳳德之衰實爲可惜而天禧實録所載云周懷政與妖人朱能輩僞造靈命箕圖恩寵且日進藥餌寧相王欽若屢言其妄復密陳規諫懷政懼得罪因共誣譖言捕獲道士譙文易蓄禁書有神術欽若素識之故罷相也朱能之事欽若欲以沮寇公之入謂其陳規諫當大不然儻非出於寇則欽若已

攘臂其間矣實録蓋欽若提舉曰所進是以溢美豈能弭後人公議哉

王裒嵇紹

舜之罪也殛鯀其舉也興禹鯀之罪足以死舜徇天下之公議以誅之故禹不敢怨而終治水之功以蓋父之惡魏王裒嵇紹其父死於非命裒之父儀猶以爲司馬昭安東司馬之故因語言受害裒爲之終身不西向而坐紹之父康以魏臣鍾會譖之於昭昭方謀篡魏陰忌之以故

而及誅紹乃仕於晉武之世至爲惠帝盡節而死紹之事親視王裒遠矣溫公通鑑猶取其蕩陰之忠蓋不足道也

張詠傳

張忠定公詠爲一代偉人而治蜀之績尤爲超卓然實録所載了不及之但云出知益州就加兵部郎中入爲戶部後馬知節自益徙延難其代朝廷以詠前在蜀寇攘之後安集有勞爲政明肅遠民便之故特命再任而已國史本傳略

同而增書促招安使上官正出兵一事皆詆其知陳州營產業且與周渭梁鼎輩五人同傳殊失之也韓魏公作公神道碑云公以魁奇豪傑之才逢時自奮智略神出勳業赫赫震暴當世誠一世偉人道州所刻帖有公與潭牧書一紙王荊公跋其後云忠定公殁久矣而士大夫至今稱之豈不以剛毅正直有勞于世若公者少歟文潞公云予嘗守蜀覩忠定之像遺愛在民欽服巳甚黄誥云公風烈如此而不至於宰相

然有忠定之才而無宰相之位於公何損有宰相之位而無忠定之才於宰相何益公雖老死安肯以此易彼哉觀四人之言史氏發潛德之幽光爲有負矣

緋紫假服

唐宣宗重惜服章牛叢自司勳員外郎爲睦州刺史上賜之紫叢既謝前言曰臣所服緋刺史所借也上遽曰且賜緋然則唐制借服色得於君前服之國朝之制到闕則不許乾道二年予

以起居舍人侍立見浙西提刑姚憲入對紫袍金魚既退一閤門吏踵其後囁嚅後兩日憲辭歸平江乃緋袍予疑焉以問知閤曾覿曰聞臨安守與本路監司皆許服所借而憲昨紫今緋何也覿曰監司惟置局在輦下則許服漕臣是也若外郡則否前日姚誤紫而謁吏不告已申其罰且備牒使知之故今日只本色以入姚蓋失於審也然考功格令既不須於外亦自難曉文惠公知徽州日借紫及除江東提舉常平告

身不借予聞嘗借者當如舊與郎官薛良朋言
之於是給公據改借後於江西見轉運判官張
堅衣緋張嘗知泉州紫袍矣予舉前說張欣然
即以申考功已而部符下不許扣其故曰唯知
州借紫而就除本路雖運判提舉皆得如初若
他路則不可竟不知法如何該說也若曾因知
州府借紫而後知軍州其服亦借不以本路他
路也近吳鎰以知郴州除提舉湖南茶鹽遂仍
借紫正用前比云

樞密名稱更易

國朝樞密之名其長爲使則其貳爲副使其長爲知院則其貳爲同知院如柴禹錫知院向敏中同知及曹彬爲使則敏中改副使王繼英知院王旦同知繼馮拯陳堯叟亦同知及繼英爲使拯堯叟乃改簽書院事而恩例同副使王欽若陳堯叟知院馬知節簽書及王陳爲使知節遷副使其後知節知院則任中正周起同知惟熙寧初文彥博呂公弼已爲使而陳升之過闕

留王安石以升之曾再入樞府遂除知院知院與使並置非故事也安石之意以沮彥博耳紹興以來唯韓世忠張俊爲使岳飛爲副使此後除使固多而其貳只爲同知亦非故事也又使班視宰相而乾道職制雜壓令副使反在同知院之下尤爲未然

過稱官品

士大夫僭妄相尊日以益甚予向昔所記文官學士武官大夫之諺今又不然天聖職制内外

文武官不得容人過稱官品諸節度觀察雖撿挍官未至太傅者許稱太傅防禦使至橫行使許稱太保諸司使許稱司徒幕職官等稱本官録事參軍稱都曹縣令稱長官判司簿尉許稱評事其太傅太保司徒皆一時本等撿挍所帶之官也自後法令不復有此一項以是其風愈熾不容整革矣

仁宗立嗣

東坡作范蜀公墓誌云仁宗即位三十五年未

有繼嗣嘉祐初得疾中外危恐公獨上疏乞擇宗室賢者異其禮物以系天下心凡章十九上至元祐初韓維上言謂其首開建儲之議其後大臣乃繼有論奏司馬溫公行狀云至和三年仁宗始不豫國嗣未立天下寒心而不敢言惟諫官范鎮首發其議光時爲并州通判聞而繼之按至和三年九月改爲嘉祐元年歲在丁酉而前此皇祐五年甲午有建州人太常博士張述者以繼嗣未立上疏曰陛下春秋四十四宗

廟社稷之繼未有託焉以嫌疑而不決非孝也羣臣以諱避而不言非忠也願擇宗親才而賢者異其禮秩試以職務俾内外知聖心有所屬至和二年丙申復言之前後凡七疏最後語尤激切蓋述所論乃在兩公之前而當時及後來莫有知之者爲可惜也

郎官員數

紹熙四年冬客從中都來持所抄班朝録一編相示蓋朝士官職姓名也讀至尚書郎纔有正

員四人其他權攝者亦只六七人耳因記紹興二十九年予爲吏禮部時同舍郎二十人皆正官今既限以曾歷監司郡守故任館職及寺監丞者不可進步其自外召用者資級已高曾不數月必序遷卿少以是居之者益少政和末郎員冗溢至於五十有五侍御史張樸上殿徽宗諭使論列退而奏疏劾十有六人大略云才品甚下趨操卑汚有如汪師心者性資葺闒柔佞取容有如黃願汪希旦者淺浮躁妄爲胥輩所

輕有如李莊者輕傥喧嚻漫不省職有如李揚
者罷冗不才褊忿輕發有如成禔者人才碌碌
初無可取有如張高者志氣衰落難與任事有
如常褒者大言無當誕詭不情有如梁子晦者
資望太輕士論不厭有如葉椿唐作求吳直夫
章芹李與權王良欽強休甫者乞行罷斥從之
考一時標榜未必盡當然十六人者後皆不顯
視今日員數多寡不侔如是秦檜居相位久不
欲士大夫在朝末年尤甚二十四司獨刑部有

孫敏脩一員餘皆兼攝吏部七司至全付主管告院張云兵工八司併於一寺主簿又可怪也

東坡慕樂天

蘇公責居黃州始自稱東坡居士詳考其意蓋專慕白樂天而然白公有東坡種花二詩云持錢買花樹城東坡上栽又云東坡春向暮樹木今何如又有步東坡詩云朝上東坡步夕上東坡步東坡何所愛愛此新成樹又有別東坡花樹詩云何處殷勤重回首東坡桃李種新成皆

爲忠州刺史時所作也蘇公在黄正與白公忠州相似因憶蘇詩如贈寫眞李道士云他時要指集賢人知是香山老居士贈善相程傑云我似樂天君記取華顛賞遍洛陽春送程懿叔云我甚似樂天但無素與蠻入侍邇英云定似香山老居士世緣終淺道根深而跋曰樂天自江州司馬除忠州刺史旋以主客郎中知制誥遂拜中書舍人某雖不敢自比然謫居黄州起知文登召爲儀曹遂忝侍從出處老少大略相似

庶幾復享晚節閒適之樂去杭州云出處依稀似樂天敢將衰朽較前賢序曰平生自覺出處老少粗似樂天則公之所以景仰者不止一再言之非東坡之名偶爾暗合也

縛雞行

老杜縛雞行一篇云小奴縛雞向市賣雞被縛急相喧爭家中厭雞食蟲蟻不知雞賣還遭烹蟲雞於人何厚薄吾叱奴兒解其縛雞蟲得失無了時注目寒江倚山閣此詩自是一段好議

論至結句之妙非他人所能跂及也予友李德遠嘗賦東西船行全擬其意舉以相示云東船得風帆席高千里瞬息輕鴻毛西船見笑苦遲鈍汗流撐折百張篙明日風翻波浪異西笑東船却如此東西相笑無已時我但行藏任天理是時德遠誦至三過頗自喜予曰語意絶工幾於得奪胎法只恐行藏任理與注目寒江之句似不可同日語德遠以爲知言銳欲易之終不能滿意也

油汚衣詩

子甫十歲時過衢州白沙渡見岸上酒店敗壁間有題詩兩絶其名曰犬落水油汚衣犬詩太俗不足傳獨後一篇殊有理致其詞云一點清油汚白衣斑斑駮駮使人疑縱饒洗遍千江水爭似當初不汚時是時甚愛其語今六十餘年尚歷歷不忘漫志于此

北虜誅宗王

紹興庚申虜主亶誅宗室七十二王韓昉作詔

略云周行管叔之誅漢致燕王之辟茲惟無赦古不爲非不圖骨肉之閒有懷蠭蠆之毒皇伯太師宋國王宗盤謂爲先帝之元子常蓄無君之禍心皇叔太傅兖國王宗儁虞王宗英滕王宗偉等逞躁欲以無厭助逆謀之妄作欲申三宥公議豈容不頓一兵羣凶悉殄巳各伏辜并除屬籍訖紹熙癸丑今虜主誅其叔鄭王詔曰朕早以嫡孫欽承先緒皇叔定武軍節度使鄭王允蹈屬處諸父任當重藩潛引凶徒共爲反

計自以元妃之長子異於他母之諸王冀幸國災窺伺神器其妹澤國公主長樂牽同產之愛駙馬都尉唐括蒲剌覩狃連姻之私預聞其謀相濟以惡欲寬燕邸之戮姑致郭鄰之囚詢諸羣言用示大戒允蹈及其妻卞玉與男按春阿辛并公主皆賜自盡令有司依禮收葬仍爲輟朝二事甚相類蓋其視宗族至親與塗之人無異也是年冬倪正父奉使館于中山正其誅戮處相去一月猶血腥觸人枯骸塞井爲之終夕

不安寢云

州郡書院

太平興國五年以江州白鹿洞主明起爲褒信主簿洞在廬山之陽甞聚生徒數百人李煜有國時割善田數十頃取其租廪給之選太學之通經者俾領洞事日爲諸生講誦於是起建議以其田入官故爵命之白鹿洞由是漸廢大中祥符二年應天府民曹誠即楚丘戚同文舊居造舍百五十間聚書數千卷博延生徒講習甚

盛府奏其事詔賜額曰應天府書院命奉禮郎戚舜賔主之仍令本府幕職官提舉以誠爲府助教宋興天下州府有學自此始其後潭州又有嶽麓書院及慶曆中詔諸路州郡皆立學設官教授則所謂書院者當合而爲一今嶽麓白鹿復營之各自養士其所廪給禮貌乃過於郡庠近者巴州亦剏置是爲一邦而兩學矣大學辟雍並置尚且不可是於義爲不然也

何韓同姓

韓文公送何堅序云何與韓同姓爲近嘗疑其説無所從出後讀史記周本紀應劭曰氏姓注云以何姓爲韓後鄧名世姓氏書辯證云何氏出自姬姓食采韓原爲韓氏韓王建爲秦所滅子孫散居陳楚江淮閒以韓爲何隨聲變爲何氏然不能詳所出也韓王之失國者名安此云建乃齊王之名鄧筆誤耳予後讀孫愐唐韻云韓滅子孫分散江淮閒音以韓爲何字隨音變遂爲何氏乃知名世用此

容齋三筆卷第五

容齋三筆卷第六十五則

蕨萁養人

自古凶年饑歲民無以食往往隨所值以爲命如范蠡謂吳人就蒲蠃於東海之濱蘇子卿掘野鼠所去草實及齧雪與旃毛并咽之王莽教民煮木爲酪南方人饑餓羣入野澤掘鳧茈鄧禹軍士食藻菜建安中咸陽人採取酸棗藜藿以給食晉郗鑒在鄒山兗州百姓掘野鼠蟄燕幽州人以桑椹爲糧魏道武亦以供軍岷蜀食

芋如此而已吾州外邑⿰山樂峗山在樂平德興境李羅萬斛山在浮梁樂平鄱陽境皆縣亘百餘里山出蕨萁乾道辛卯紹熙癸丑歲旱村民無食爭往取其根率以昧旦荷鉏往掘深至四五尺壯者日可得六十斤持歸搗取粉水澄細者煮食之如粔籹狀每根二斤可充一夫一日之食冬晴且暖田野間無不出者或不遠數十里多至數千人自九月至二月終蕨抽拳則根無力於是始止蓋救餓羸者半年天之生物爲人

世之利至矣古人不知用之傳記亦不載豈他邦不產此乎

賢士隱居者

士子脩巳篤學獨善其身不求知於人人亦莫能知者所至或有之予每惜其無傳比得上虞李孟傳録示四事故謹書之其一曰慈溪蔣季莊當宣和間鄙王氏之學不事科舉閉門窮經不妄與人接高抑崇閒居明州城中率一歲四五訪其廬季莊聞其至必倒屣出迎相對小室

極意講論自晝竟夜殆忘寢食告去則送之數
里相得驩甚或問抑崇曰蔣君不多與人周旋
而獨厚於公公亦惓惓於彼願聞其故抑崇曰
閱終歲讀書凡有疑而未判與所缺而未知者
每積至數十輒一扣之無不迎刃而解而蔣之
所長他人未必能知之世之所謂知巳其是乎
其二曰王茂剛居明之林村在巖壑深處有弟
不甚學問使顓治生以餬口而刻意讀書足跡
未嘗妄出尤邃於周易沈煥通判州事嘗訪之

其見趣絶出於傳注之外云氣象嚴重窺其所得蓋進而未已也其三曰顧主簿不知何許人南渡後寓于慈溪廉介有常安於貧賤不蘄人之知至於踐履間雖細事不苟也平旦起俟賣菜者過門問菜把直幾何隨所言酬之他飲食布帛亦然久之人皆信服不忍欺苟一日之用足則玩心墳典不事交游里中有不安其分武斷彊忮者相與譏之曰汝豈顧主簿耶其四曰周日章信州永豐人操行介潔爲邑人所敬開

門授徒僅有以自給非其義一毫不取家至貧常終日絕食鄰里或以薄少致餽時時不繼寧與妻子忍餓卒不以求人隆寒披紙裘客有就訪亦欣然延納望其容貌聽其論議莫不聳然縣尉謝生遺以襲衣曰先生未嘗有求吾自欲致其勤勤耳受之無傷也日章笑答曰一衣與萬鍾等耳儻無名受之是不辨禮義也卒辭之汪聖錫亦知其賢以爲近於古之所謂獨行者是四君子眞可書史策云

張籍陳無巳詩

張籍在他鎮幕府鄆帥李師古又以書幣辟之籍却而不納而作節婦吟一章寄之曰君知妾有夫贈妾雙明珠感君纏綿意繫在紅羅襦妾家高樓連苑起良人執戟明光裏知君用心如日月事夫誓擬同生死還君明珠雙淚垂何不相逢未嫁時陳無巳爲潁州教授東坡領郡而陳賦妾薄命篇言爲曾南豐作其首章云主家十二樓一身當三千古來妾薄命事主不盡年

起舞爲主壽相送南陽阡忍著主衣裳爲人作春妍有聲當徹天有淚當徹泉死者恐無知妾身長自憐全用籍意或謂無已輕坡公是不然前此無已官於彭城坡公由翰林出守杭無已越境見之於宋都坐是免歸故其詩云一代不數人百年能幾見昔爲馬首銜今爲禁門鍵一雨五月涼中宵大江滿風帆目力短江空歲年晚其尊敬之盡矣薄命擬況蓋不忍師死而遂倍之忠厚之至也

杜詩誤字

李適之在明皇朝爲左相爲李林甫所擠去位作詩曰避賢初罷相樂聖且銜盃爲問門前客今朝幾箇來故杜子美飲中八仙歌云左相日興費萬錢飲如長鯨吸百川銜盃樂聖稱避賢正詠適之也而今所行本誤以避賢爲世賢絶無意義兼世字是太宗諱豈敢用哉秦州雨晴詩云天永秋雲薄從西萬里風謂秋天遼永風從萬里而來可謂廣大而集中作天水此乃秦

州郡名若用之入此篇其致思淺矣和李表文早春作云力疾坐清曉來詩悲早春正答其意而集中作來時殊失所謂和篇本旨

東坡詩用老字

東坡賦詩用人姓名多以老字足成句如壽州龍潭云觀魚并記老莊周病不赴會云空對親春老孟光看潮云猶似浮江老阿童贈黃山人云說禪長笑老浮屠元長老衲裙云乞與佯狂老萬回東軒云挂冠知有老蕭郎侍立邇英云

定是香山老居士贈李道士云知是香山老居士蒜山亭云奇逸多聞老敬通汶公東堂云一帖空存老遂良次韻韶守云華髮蕭蕭老遂良游羅浮云還須略報老同叔贈辯才云中有老法師寄子由云靑山老從事贈眼醫云忘言老尊宿妙高臺中老比丘謝惠酒云靑州老從事謝餉魚云誰似老方朔贈吳子野扇云得之老月師次韻李端叔云此是老牛戩是皆以爲助語非眞謂其老也大抵七言則於第五字用之

五言則於第三字用之若其他錯出如再謊走老瞞故人餘老羆老濞宮粧傳父祖便腹從人笑老韶老可能爲竹寫眞不知老奘幾時歸之類皆隨語勢而然白樂天云每被老元偷格律蓋亦有自來矣

杜詩命意

杜公詩命意用事旨趣深遠若隨口一讀往往不能曉解姑紀一二篇以示好事者如能畫毛延壽投壺郭舍人每蒙天一笑復似物皆春政

化平如水皇恩斷若神時時用抵戲亦未離風塵第三聯意味頗與前語不相聯貫讀者或以爲疑按杜之旨本謂技藝倡優不應蒙人主顧眄賞接然使政化如水皇恩若神爲治大要既無所損則時時用此輩亦亡害也又如亂後碧井廢時清瑤殿深銅鉼未失水百丈有哀音側想美人意應悲寒甃沉蛟龍半缺落猶得折黃金此篇蓋見故宮井内汲者得銅鉼而作然首句便說廢井則下文翻覆鋪敘爲難而曲折究

轉如是他人畢一生模寫不能到也又一篇云鬬雞初賜錦舞馬既登牀簾下宮人出樓前御柳長仙游終一閟女樂久無香寂寞驪山道清秋草木黃先忠宣公在北方得唐人畫驪山宮殿圖一軸華清宮居山巔殿外垂簾宮人無數宂簾隙而窺一時伶官戲劇品類雜沓皆列于下杜一詩眞所謂親見之也

擇福莫若重

國語載范文子曰擇福莫若重擇禍莫若輕且

士君子樂天知命全身遠害避禍就福安有迫于禍至擇而處之之理哉韋昭注云有兩福擇取其重有兩禍擇取其輕蓋以不幸而與禍會勢不容但已則權其輕重順受其一焉莊子養生主篇云爲善無近名爲惡無近刑夫學學爲善君子之所固然何至於縱意爲惡而特以不麗於刑爲得計哉是又有說矣其所謂惡者蓋與善相對之辭雖於德爲愆義非若小人以身試禍自速百殃之比也故下文云可以全生可

以保身可以盡年其旨昭矣

用人文字之失

士人爲文或采已用語言當深究其旨意苟失之不考則必詒論議紹興七年趙忠簡公重脩哲録書成轉特進制詞云惟宣仁之誣謗未明致哲廟之憂勤不顯此蓋用范忠宣遺表中語兩句但易兩字而甚不然范之辭云致保佑之憂勤不顯專指母后以言正得其實今以保佑爲哲廟則了非本意矣紹興十九年予爲福州

教授爲府作謝曆日表頌德一聯云神祇祖考既安樂於太平歲月日時又明章於庶證至乾道中有外郡亦上表謝曆蒙其采取用之讀者以爲駢麗精切予笑謂之曰此大有利害今光堯在德壽所謂考者何哉坐客皆縮頸信乎不可不審也

李衛公輞川圖跋

輞川圖一軸李趙公題其末云藍田縣鹿苑寺主僧子良贄於予且曰鹿苑即王右丞輞川之

第也右丞篤志奉佛妻死不再娶潔居逾三十載每夫人卒表宅爲寺今冢墓在寺之西南隅其圖實右丞之親筆子閟玩珍重永爲家藏弘憲題其前一行云元和四年八月十三日弘憲題弘憲者吉甫字也其後衞公又跋云乘閒閱篋書中得先公相國所收王右丞畫輞川圖實家世之寶也先公凡更三十六鎭故所藏書畫多用方鎭印記大和二年戊申正月四日浙江西道觀察等使檢校禮部尚書兼潤州刺史李

德裕恭題又一行云開成二年秋七月望日文饒記前後五印曰淮南節度使印浙江西道觀察處置等使之印劍南西川節度使印山南西道節度使印鄭滑節度使印并贊皇二字又内合同印建業文房之印集賢院藏書印此三者南唐李氏所用故後一行曰昇元二年十一月三日雖今所傳爲臨本然正自超妙但衛公所志殊爲可疑唐書李吉甫傳云德宗以來姑息藩鎮有終身不易地者吉甫爲相歲餘凡易三

十六鎮吉甫平生只爲淮南節度耳今乃言身更三十六鎮誠大不然所用印詔如浙西西川山西鄭滑皆衞公所歷也且書其父手澤不言第幾子而有李字又自標其字皆非是蓋好事者妄爲之白樂天詩所謂清源寺即輞川云洪慶善作丹陽洪氏家譜序云丹陽之洪本姓弘避唐諱改有弘憲者元和四年跋輞川圖亦大錯也

白公夜聞歌者

白樂天琵琶行蓋在潯陽江上爲商人婦所作而商乃買茶於浮梁婦對客奏曲樂天移船夜登其舟與飲了無所忌豈非以其長安故倡女不以爲嫌邪集中又有一篇題云夜聞歌者時自京城謫潯陽宿於鄂州又在琵琶之前其詞曰夜泊鸚鵡洲秋江月澄澈鄰船有歌者發調堪愁絶歌罷繼以泣泣聲通復咽尋聲見其人有婦顔如雪獨倚帆檣立娉婷十七八夜淚似眞珠雙雙墮明月借問誰家婦歌泣何凄切一

問一霑襟低眉終不説陳鴻長恨傳序云樂天深於詩多於情者也故所遇必寄之吟詠非有意於漁色然鄂州所見亦一女子獨處夫不在焉瓜田李下之疑唐人不譏也今詩人罕談此章聊復表出

謝朓志節

荀彧佐魏武帝劉穆之佐宋高祖高德政佐齊文宣高熲佐隋文帝劉文靜佐唐高祖終之篡漢晉魏周及取隋其功不細矣彧以不言伏后

事與勸止九錫飲酖而死穆之居守丹陽宋祖北伐而九錫之旨從北來愧懼而卒德政以精神淩逼爲楊愔所譖頻以爲相畜妾爲獨孤后所譖文靜以妾弟告變爲裴寂所譖皆不免於誅蕭道成謀篡宋欲引謝朏參贊大業屏人與之語朏無言道成必欲引參佐命以爲左長史從容閒道石苞事諷之朏詭不順指及受宋禪方爲侍中不肯解璽綬引枕而卧步出府門道成之子賾欲殺之道成畏得罪於公議曰殺之

適成其名正當容之度外耳遂廢于家海陵王之世復爲侍中宣城王鸞謀繼大統多引朝廷名士朏心不願乃求出爲吳興太守其弟瀹爲吏部尚書朏致酒與之曰可力飲此無預人事其心蓋惡鸞而未如之何也朏之志節行義凜凜如此司馬溫公猶以爲譏斯亦可恕也已二筆於士匄韓厥下略及之故復詳論于此

琵琶亭詩

江州琵琶亭下臨江津國朝以來往來者多題

詠其工者輒爲人所傳淳熙巳亥歲蜀士郭明復以中元日至亭賦古風一章其前云白樂天流落湓浦作琵琶行其放懷適意視憂患死生禍福得喪爲何物非深於道者能之乎賈傅謫長沙抑鬱致死陸相竄南賓屏絶人事至從狗竇中度食飲兩公猶有累乎世未能如樂天逍遥自得也予過九江維舟琵琶亭下爲賦此章香山居士頭欲白秋風吹作湓城客眼看世事等虛空雲夢胸中無一物擧觴獨醉天爲家詩

成萬象遭梳爬不管時人皆欲殺夜深江上聽琵琶賈胡老婦兒女語淚濕青衫如著雨此公豈作少狂夢與世浮沉聊爾汝我來後公三百年潯陽至今無管絃（公詩有潯陽小處無音樂之句）長安不見遺音寂依舊康廬翠掃天郭君成都人隆興癸未登科仕不甚達但賈誼自長沙召還後爲梁王傅乃卒前所云少誤矣吾州餘干縣東干越亭有琵琶洲在下唐劉長卿張祜輩皆留題紹興中王洋元勃一絶句云塞外風煙能記否天

涯淪落自心知眼中風物參差是只欠江州司馬詩眞佳句也

減損入官人

唐開元十七年國子祭酒楊瑒上言省司奏限天下明經進士及第每年不過百人竊見流外出身每歲二千餘人而明經進士不能居其什一則是服勤道業之士不如胥吏之得仕也若以出身人太多則應諸色裁損不應獨抑明經進士當時以其言爲然淳熙九年大減任子員

數是時吏部四選開具以三年爲率文班進士大約三四百人任子文武亦如之而恩倖流外蓋過二千之數甚與開元類也

韓蘇文章譬喻

韓蘇兩公爲文章用譬喻處重複聯貫至有七八轉者韓公送石洪序云論人高下事後當成敗若河決下流東注若駟馬駕輕車就熟路而王良造父爲之先後也若燭照數計而龜卜也盛山詩序云儒者之於患難其拒而不受於懷

也若築河隄以障屋霤其容而消之也若水之於海冰之於夏日其翫而忘之以文辭也若奏金石以破蟋蟀之鳴蟲飛之聲蘇公百步洪詩云長虹斗落生跳波輕舟南下如投梭水師絶叫鳧鴈起亂石一線爭蹉磨有如兎走鷹隼落駿馬下注千丈坡斷絃離柱箭脫手飛電過隙珠翻荷之類是也

唐昭宗贈諫臣官

唐僖宗幸蜀政事悉出内侍田令孜之手左拾

遺孟昭圖右補闕常濬上疏論事昭圖坐貶令孜遣人沉之於蟇頤津賜濬死資治通鑑記其事予讀昭宗實録即位之初贈昭圖起居郎濬禮部員外郎以其直諫被戮故褒之方時艱危救亡不暇而初政及此通鑑失書之亦可惜也

容齋三筆卷第六

容齋三筆卷第七 十四則

執政辭轉官

真宗天禧元年合祭天地禮畢推恩百僚宰相以下遷官一等時參知政事三人陳彭年自刑部侍郎遷兵部王曾自左諫議大夫遷給事中張知白自給事中遷工部侍郎而知白獨懇辭數四上敷諭終不能奪王曾聞之亦乞寢恩命上曰知白無他意但以卿爲諫議大夫班在上已爲給事中在下所以固辭欲品秩有序爾於

是從知白所請而優加名數進階金紫光禄大夫併賜功臣爵邑元祐三年四月宰執七人自文彦博仍前太師外右僕射吕公著除司空同平章軍國事中書侍郎吕大防除左僕射同知樞密院范純仁除右僕射尚書左丞劉摯除中書侍郎右丞王存除左丞唯知樞密院安燾不遷乃自正議大夫特轉右光禄燾上章辭令學士院降詔不允學士蘇軾以爲朝廷豈以執政六人五人進用故加遷秩以慰其心旣無授受

之名僅似姑息之政欲奉命草詔不知所以爲詞伏望從其所請御寶批可且用一意度作不許詔書進入壽竟辭始免紹興三十一年陳康伯自右相拜左相朱倬自參政拜右相時葉義問知樞密院元居倬上不得遷朝論謂宜進爲使學士何溥面受草制之旨曾以爲言高宗不許紹熙五年七月主上登極拜知樞密院趙汝愚爲右相參政陳騤除知院同知院事余端禮除參政而左丞相留正以少保進少傅乃係特

遷且非覃恩正固辭乃止

宗室補官

壽皇聖帝登極赦恩凡宗子不以服屬遠近人數多少其曾獲文解兩次者並直赴殿試畧通文墨者所在州量試即補承信郎由是入仕者過千人以上淳熙十六年二月紹熙五年七月二赦皆然故皇族得官不可以數計偶閱唐昭宗實録載一事云宗正少卿李克助奏准去年十一月赦書皇三等以上親無官者每父下放

一人出身皇五等以上親未有出身陪位者與出身寺司起請承前舊例九廟子孫陪位者每支下放一人出身共放三百八十人其諸房宗室等各赴陪位納到文狀共一千二十七人除元不赴陪位及不納到狀及違寺司條疏不取宗室充係落下外係三百八十人合放出身勑准赦書處分予按昭宗以文德元年即位次年十一月南郊禮畢肆赦其文略云皇三等以上親委中書門下各擇有才行者量與改官無官

者每父下放一人出身皇五等以上親未有出身陪位者與出身然則亦有三等五等親陪位與不陪位之差別也

孫宣公諫封禪等

景德祥符之閒北戎結好宇內乂寧一時邪諛之臣唱爲瑞應禨祥以罔明主王欽若陳彭年輩實主張之天書旣降於是東封西祀太清之行以次丕講滿朝耆老方正之士鮮有肯啓昌言以遏其姦熖雖寇萊公亦爲之而孫宣公奭

獨上疏爭救于再于三眞録出於欽若提綱故不能盡載以故後人罕稱之予略摘其大槩紀於此一章論西祀曰汾陰后土事不經見漢都雍去汾陰至近河東者唐王業所起之地且又都雍故武帝明皇行之今陛下經重關越險阻遠離京師根本之固其爲不可甚矣古者聖王先成民而後致力於神今土木之功累年未息水旱作沴饑饉居多乃欲勞民事神神其享之乎明皇嬖寵害政姦佞當塗以至身播國屯今

議者引開元故事以爲盛烈臣竊不取今之姦臣以先帝詔停封禪故贊陛下以爲繼承先志且先帝欲北平幽朔西取繼遷則未嘗獻一謀畫一策以佐陛下而乃卑辭重幣求和於契丹蹙國縻爵姑息於保吉謂主辱臣死爲空言以誣下罔上爲已任撰造祥瑞假託鬼神纔畢東封便議西幸以祖宗艱難之業爲佞邪僥倖之資臣所以長歎而痛哭也二章論爭言符瑞曰今野鵰山鹿並形奏簡秋旱冬雷率皆稱賀將

以欺上天則上天不可欺將以愚下民則下民不可愚將以惑後世則後世必不信腹非竊笑有識盡然三章論將幸亳州曰國家近日多效唐明皇所爲且明皇非令德之君觀其禍敗足爲深戒而陛下反希慕之近臣知而不諫得非姦佞乎明皇奔至馬嵬楊國忠既誅乃諭軍士曰朕識理不明寄任失所近亦覺寤然則已晚矣陛下宜早覺寤斥遠邪佞不襲危亂之迹社稷之福也四章論朱能天書曰姦憸小人妄言

符瑞而陛下崇信之屈至尊以迎拜歸祕殿以
奉安百僚黎庶痛心疾首叉脣腹非不敢直言
臣不避死亡之誅聽之罪之惟在聖斷昔漢文
成五利妄言不讎漢武誅之先帝時侯莫陳利
用方術姦發誅於鄭州唐明皇得靈符實券皆
王鉷田同秀等所爲不能顯戮今日見老君於
閣上明日見老君於山中大臣尸禄以將迎端
士畏威而緘默及禄山兆亂輔國劫遷大命既
傾前功併棄今朱能所爲是巳願遠思漢武之

雄材近法先帝之英斷中鑒明皇之召禍庶幾災害不生禍亂不作爽之論諫雖魏鄭公陸宣公不能過也

赦恩爲害

赦過宥罪自古不廢然行之太頻則惠姦長惡引小人於大譴之域其爲害固不勝言矣唐莊宗同光二年大赦前云罪無輕重常赦所不原者咸赦除之而又曰十惡五逆屠牛鑄錢故殺人合造毒藥持仗行劫官典犯贓不在此限此

制正得其中當亂離之朝乃能如是亦可取也而今時或不然

代宗崇尚釋氏

唐代宗好祠祀未甚重佛元載王縉杜鴻漸爲相三人皆好佛上嘗問以佛言報應果爲有無載等奏國家運祚靈長非宿植福業何以致之福業巳定雖時有小災終不能爲害所以安史有子禍僕固病死回紇吐蕃不戰而退此皆非人力所及上由是深信之常於禁中飯僧有寇

至則令僧講仁王經以禳之寇去則厚加賞賜胡僧不空官至卿監爵爲國公出入禁闥勢移權貴此唐史所載也予家有嚴郢撰三藏和尚碑徐季海書乃不空也云西域人氏族不聞於中夏玄肅代三朝皆爲國師代宗初以特進大鴻臚褒表之及示疾又就卧内加開府儀同三司肅國公既亡廢朝三日贈司空其恩禮之寵如此同時又有僧大濟爲帝常修功德至殿中監贈其父惠恭兖州刺史官爲營辦葬事有勑

葬碑今存時兵革未盡息元勳宿將賞功賦職不過以此處之顧施之一 僭謬濫甚矣

光武符堅

漢光武建武三十年羣臣請封禪泰山詔曰即位三十年百姓怨氣滿腹吾誰欺欺天乎若郡縣遠遣吏上壽盛稱虛美必髡令屯田於是羣臣不敢復言其英斷如此然財二年閒乃因讀河圖會昌符詔索河雒讖文言九世當封禪者遂爲東封之舉可謂自相矛盾矣符堅禁圖讖

之學尚書郎王佩讀讖堅殺之學讖者遂絶及季年爲慕容氏所困於長安自讀讖書云帝出五將久長得乃出奔五將山甫至而爲姚萇所執始禁人爲學終乃以此喪身亡國久長得之兆豈非言久當爲姚萇所得乎又姚與與遙同亦久也光武與堅非可同日語特其事偶可議云

周武帝宣帝

周武帝平齊中原盡入輿地陳國不足平也而雅志節儉至是愈篤後宫唯置妃二人世婦三

人御妻三人則其下保林良使輩度不過數十耳一傳而至宣帝奢淫酗縱自比於天廣搜美女以實後宮儀同以上女不許輒嫁遂同時立五皇后父子之賢否不同一至於此

唐觀察使

唐世於諸道置按察使後改爲采訪處置使治於所部之大郡既又改爲觀察其有戎旅之地即置節度使分天下爲四十餘道大者十餘州小者二三州但令訪察善惡舉其大綱然兵甲

財賦民俗之事無所不領謂之都府權勢不勝其重能生殺人或專私其所領州而虐視支郡元結爲道州刺史作舂陵行以爲諸使誅求符牒二百餘通又作賊退示官吏一篇以爲忍苦裒斂陽城守道州賦稅不時觀察使數誚責又遣判官督賦城自囚於獄判官去復遣官來按舉韓愈送許郢州序云爲刺史者常私於其民不以實應乎府爲觀察使者常急於其賦不以情信乎州財已竭而斂不休人已窮而賦愈急

韓皐爲浙西觀察使封杖决安吉令孫澥至死

一時所行大抵類此然每道不過一使臨之耳

今之州郡控制按刺者率五六人而臺省不預

毁譽善否隨其意好又非唐日一觀察使比也

冗濫除官

自漢以來官曹冗濫之極者如更始竈下養中

郎將爛羊頭關内侯晉趙王倫貂不足狗尾續

北史周世員外常侍道上比肩唐武后補闕連

車拾遺平斗之諺皆顯顯著見者中葉以後尤

爲泛濫張巡在雍丘纔領一縣千兵而大將六人官皆開府特進然則大將軍告身博一醉誠有之矣德宗避難於奉天渾瑊之童奴曰黃芩力戰即封渤海郡王至於僖昭之世遂有捉船郭使君看馬李僕射周行逢據湖湘境內有漫天司空遍地太保之譏李茂正在鳳翔內外持管籥者亦呼爲司空太保韋莊浣花集有贈僕者楊金詩云半年勤苦葺荒居不獨單寒腹亦虛努力且爲田舍客他年爲爾覔金魚是時人

奴腰金魚紫者蓋不難致也

節度使稱太尉

唐節度使帶檢校官其初只左右散騎常侍如李愬在唐鄧時所稱者也後乃轉尚書及僕射司空司徒能至此者蓋少僖昭以降藩鎮盛彊武夫得志纔建節鉞其資級已高於是復升太保太傅太尉其上惟有太師故將帥悉稱太尉元豐定官制尚如舊貫崇寧中改三公爲少師少傅少保而以太尉爲武階之冠以是凡管軍

者猶悉稱之紹興閒葉孟德自觀文殿學士張澄自端明殿學士皆拜節度葉嘗任執政以暮年擁旄爲儒者之榮自稱葉太尉張微時用鄧洵武給使恩出身羞爲武職但稱尚書如故其相反如此

五代濫刑

五代之際時君以殺爲嬉視人命如草芥唐明宗頗有仁心獨能斟酌俊救天成三年京師巡檢軍使渾公兒口奏有百姓二人以竹竿習戰

鬬之事帝即傳宣令付石敬瑭處置敬瑭殺之
次日樞密使安重誨敷奏方知悉是幼童爲戲
下詔自咎以爲失刑減常膳十日以謝幽寃罰
敬瑭一月俸渾公兒削官杖脊配流登州小兒
骨肉賜絹五十匹粟麥各一百碩便令如法埋葬
仍戒諸道州府凡有極刑並須仔細裁遣此事
見舊五代史新書去之

太一推筭

熙寧六年司天中官正周琮言據太一經推筭

熙寧七年甲寅歲太一陽九百六之數至是年復元之初故經言太歲有陽九之災太一有百六之厄皆在入元之終或復元之初陽九百六當癸丑甲寅之歲爲灾厄之會而得五福太一移入中都可以消灾爲祥竊詳五福太一自雍熙甲申歲入東南巽宮故修東太一宮于蘇村天聖巳巳歲入西南坤位故修西太一宮于八角鎮望稽詳故事崇建宮宇詔度地于集禧觀之東於是爲中太一宮時王安石擅國盡變亂

祖宗法度爲宗社之禍蓋自此始雖太一照臨亦不能救也紹熙四年癸丑五年甲寅朝廷之間殊爲多事壽皇聖帝厭代泰安以久疾退處人情業業皆有憂葵恤緯之慮時無星官曆翁考步推賾庸詎知非入元復元之際乎

趙丞相除拜

紹熙五年七月十六日宣麻制以太中大夫知樞密院事趙汝愚爲特進右丞相議者或謂國朝無宗室宰相且轉官九級非故事趙上章力

辭不肯入都堂涖職越六日詔改除樞密使依宰臣超三官又二日制除正議大夫樞密使邁攷按故實宣和二年王黼自通議大夫中書侍郎拜特進少宰凡遷八官黼受之靖康元年吳敏自中大夫知樞密院拜銀青光禄大夫少宰亦遷八官敏辭之但以通議就職秦檜當國以其子熺爲中大夫知樞密院已而除觀文殿學士恩數如右僕射遂暗轉通奉大夫踰年加大學士徑超七秩爲特進熺處之不疑舍此三人

外蓋未之有若自宰相改樞密使唯夏竦一人是時以陳執中爲昭文相竦爲集賢相御史言竦向在陝西與執中議論不協不可同寅政地於是貼麻改命而初制不出令汝愚先報相麻後報樞制乃是經日已久因固辭以然又按國史明道二年宰臣張士遜樞密使楊崇勳同日罷士遜以左僕射判河南府崇勳以節度使平章事判許州明日入謝崇勳班居上仁宗問之士遜奏曰崇勳係使相臣官只僕射當在下即

再鎖院以士遜爲使相是時學士盛度當制猶用士遜作相銜論者非之謂應用僕射河南爲前銜也乾道二年葉顒以前參知政事召還爲知樞密院未受告而拜左相邁當制以新除知樞密院結銜令汝愚拜相宣麻已閱八日故稱新除特進右丞相二者皆是也

唐昭宗恤録儒士

唐昭宗光化三年十二月左補闕韋莊奏詞人才子時有遺賢不霑一命於聖明沒作千年之

恨骨據臣所知則有李賀皇甫松李羣玉陸龜蒙趙光遠溫庭筠劉德仁陸逵傅錫平曾賈島劉稚珪羅鄴方干俱無顯遇皆有奇才麗句清詞徧在詞人之口銜冤抱恨竟爲冥路之塵伏望追賜進士及第各贈補闕拾遺見存唯羅隱一人亦乞特賜科名録升三署勑奬莊而令中書門下詳酌處分次年天復元年赦文又令中書門下選擇新及第進士中有久在名場才沾科級年齒巳高者不拘常例各授一官於是禮

部侍郎杜德祥奏揀到新及第進士陳光問年六十九曹松年五十四王希羽年七十三劉象年七十柯崇年六十四鄭希顏年五十九詔光問松希羽可秘書省正字象崇希顏可太子挍書按登科記是年進士二十六人光問第四松第八希羽第十二崇象希顏居末級昭宗當斯時離亂極矣尚能眷眷於寒儒其可書也摭言云上新平內難聞放新進士喜甚特勑授官制詞曰念爾登科之際當予反正之年宜降異恩

各膺寵命時謂此舉爲五老牓

容齋三筆卷第七

容齋三筆卷第八　五則

徽宗薦嚴疏文

徽宗以紹興乙卯歲升遐時忠宣公奉使未反命帶留冷山遣使臣沈珍往燕山建道場於開泰寺作功德疏曰千歲厭世莫遂乘雲之僊四海遏音同深喪考之戚況故宮爲禾黍改館徒饋於秦牢新廟游衣冠招寃漫歌於楚些雖置河東之賦莫止江南之哀遺民失望而痛心孤臣久縶惟歐血伏願盛德之祀傳百世以彌昌

在天之靈繼三后而不朽北人讀之亦墮淚爭相傳誦其後梓宫南還公已徙燕率故臣之不忘國恩者出迎於城北摶膺大慟虜俗最重忠義不以為罪也

忠宣公謝表

建炎三年先忠宣公銜命使北方以淮甸賊蠭起除兼淮南京東等路撫諭使俾李成以兵護至南京公遣書抵成成方與耿堅圍楚州答書曰汴涸虹有紅巾非五千騎不可往軍食絕不

克唯命公陰遣客說堅堅强成斂兵公行未至泗諜云有迎騎甲而來副使龔璹憚之送兵亦不肯前遂返旆即上疏言李成以䰟餉稽緩有引衆納命建康之語令靳賽薛慶方横萬一三叛連衡何以待之方含垢養晦之時宜選辯上諭意優加撫納疏奏高宗即遣使撫諭成給米五萬斛初公戒所遣持奏吏須疏從中出乃詣政事堂白副封時方禁直達忤宰輔意以託事滯留爲罪特貶兩秩而許出滁陽路紹興十三

年使回始復元官時已出知饒州命予作謝表直敘其故曰論事見從猶獲稽留之戾出疆滋久假沾曠蕩之恩始拜明綸得仍舊秩伏念臣頃繇乏使不敢辭難值三盜之連衡阻兩淮而莽食深虞猖獗之患或起呼吸之閒輒露便宜冀加勤卹雖璽書賜報樂聞憂國之建言而吏議不容見謂陳湯之生事虧除官簿緜歷歲時敢自意於來歸遂悉還於所奪茲蓋忘人之過與天同功念臣昔麗於微文蔽罪本無於他意

故從數赦俾獲自新書印旣畢父兄復共議奏
檜方擅國見此表語言未必不怒乃別草一通
引咎曰使指稽留宜速虧除之戾聖恩深厚卒
從技拭之科仰服矜憐唯知感戴伏念臣早繇
乏使遂俾行成值巨寇之臨衡欲搏人而肆毒
仗節宜圖於報稱引車何事於逡巡徐偃出疆
旣失受辭之體申舟假道初無必死之心雖蒙
貶秩以小懲尚許立功而自贖徒行萬里無補
一毫敢宴冀於隆寬乃悉還於舊貫茲蓋忘人

之過撫下以仁陽爲德而陰爲刑未嘗私意賞
有功而赦有罪皆本好生坐使孤臣盡湔宿負
云云前後奉使無有不轉官者先公以朝散郎
被命不沾恩凡十五年而歸僅復所貶而合磨
勘五官刑部皆不引用秦志也遂終於此階

四六名對

四六駢儷於文章家爲至淺然上自朝廷命令
詔冊下而縉紳之間牋書祝疏無所不用則屬
辭比事固宜警策精切使人讀之激卬諷味不

厭乃爲得體姑摭前輩及近時綴緝工緻者十數聯以詒同志王元之擬李靖平突厥露布其敘頡利求降且復謀窟曰穽中餓虎暫爲掉尾之求耩上饑鷹終有背人之意蘄州謝上表曰宣室鬼神之問敢望生還茂陵封禪之書已期身後范文正公微時嘗冐姓朱及後歸本宗作啓曰志在逃秦入境遂稱於張祿名非霸越乘舟偶効於陶朱用范雎范蠡皆當家故事鄧潤甫行貴妃制曰關雎之得淑女無險詖私謁之

心雞鳴之思賢妃有警戒相成之道紹聖中百僚請御正殿表曰皇矣上帝必臨下而觀四方大哉乾元當統天而始萬物東坡坤成節䟽曰至哉坤元德旣超於載籍養以天下福宜冠於古今慰國哀表曰大哉孔子之任法然流涕至矣顯宗之孝夢若平生謝賜帶馬表曰枯羸之質匪伊垂之而帶有餘斂退之心非敢後也而馬不進王履道大燕樂語曰五百里釆五百里衞外包有截之區八千歲春八千歲秋上祝無

疆之壽除少宰余深制曰蓋四方其訓以無競
維人必三后協心而同底于道時并蔡京爲三
相也執政以邊功轉官詞曰惟皇天付予庶其
在此率寧人有指敢弗于從翟公巽行外國王
加恩制曰宗祀明堂所以教諸侯之孝大賚四
海不敢遺小國之臣知越州日以擅發常平倉
米救荒降官謝表曰敢効秦人坐視越人之瘠
既安劉氏理知晁氏之危孫仲益試詞科日代
高麗國王謝賜燕樂表曰玉帛萬國于舞巳格

於七旬簫韶九成肉味遽忘於三月又曰蕩蕩乎無能名雖莫見宮墻之美欣欣然有喜色咸豫聞管籥之音自中書舍人知和州旣歷境見任者拒不納以啓荅郡僚曰雖文書銜袖大人不以爲疑然君命在門將軍爲之不受鄰郡不發上供錢米受旨推究爲平亭其事鄰守馳啓來謝荅之曰包茅不入敢加問楚之師輔車相依自作全虞之計汪彥章作靖康冊康王文曰漢家之厄十世宜光武之中興獻公之子九人

惟重耳之尚在爲中書舍人試潭州進士何烈卷子内稱臣及聖問不舉覺坐罷職謝表曰謂子路使門人爲臣雖誠詩理而徐邈云酒中有聖初亦何心又曰書馬者與尾而五常負譴憂網禽而去面之三永銜生賜宋齊愈坐於金虜立諸臣狀中輒書張邦昌字送御史臺責詞曰義重於生雖匹夫不可奪志士失其守或一言幾於喪邦又曰眭孟五行之説豈所宜言袁宏九錫之文茲焉安忍責張邦昌詞曰雖天奪其

褒坐愚至此然君異於器代匱可乎知徽州其鄉郡也謝啓曰城郭重來疑千載去家之鶴交游半在或一時同隊之魚何掄除祕書少監未幾以口語出守邛謝啓曰雲外三山風引舟而莫近海濱八月槎犯斗以空還楊政除太尉湯岐公草制曰遂覽漢京傳楊氏者四世近稽唐室書系表者七人謂楊震子秉秉子賜賜子彪四世爲太尉李德裕辭太尉云國朝重惜此官二百年間纔七人其用事精確如此蔣子禮拜

右相王詞賀啓曰早登黃閣獨見明公之妙年今得舊儒何憂左轄之虛位皆用杜詩語扈聖登黃閣明公獨妙年左轄頻虛位今年得舊儒亦可稱

吾家四六

乾道初年張魏公以右相都督江淮議者謂兩淮保障不可恃公親往視之會詔歸朝未至而免相文惠公當制其詞曰棘門如兒戲耳肅謹秋防衮衣以公歸今庶聞辰告所謂兒戲者指

邊將也而讀者乃以爲詆魏公其尾句曰春秋責備賢者慨功業之惟艱天子加禮大臣固始終之不替所以悵惜之意至矣王太寶致仕詞曰閔勞以事聖王隆待下之仁歸㓗其身君子盡遺榮之美太寶有遺泄之疾或又謂有所譏而實不然罷相後起帥浙東謝表曰上丞相之印方事退藏懷會稽之章遽叨進用謝生日詩詞啓曰五十當貴適買臣治越之年八千爲秋辱莊子大椿之譽時正五十歲也紹興壬戌詞

科代樞密使謝賜玉帶表文安公曰有璞於此必使琢恍驚制作之工匪伊垂之則有餘允謂便蕃之賜主司喜焉擢爲第一乙丑年代謝賜御書周易尚書表予曰八卦之說謂之索奉以周旋百篇之義莫得聞坦然明白尾句曰但驚奎璧之輝從天而下莫測龜龍之祕行地無疆亦忝此選代福州謝曆日表曰神祇祖考既安樂於太平歲月日時又明章於庶證正用詩鳧鷖序太平之君子能持盈守成神祇祖考安樂

之也洪範庶證歲月日時無易百穀用成乂用
明俊民用章皆上下聯文未嘗輒增一字淵聖
乾龍節疏曰應天而行早得尊於大有象曰之
動偶蒙難於明夷易大有卦柔得尊位應乎天
而時行左傳叔孫豹筮遇明夷象曰之動故曰
君子于行彖辭云内文明而外柔順以蒙大難
亦純用本文乾道丁亥南郊赦文曰皇天后土
監于成命之詩藝祖太宗昭我思文之配讀者
以爲壯後語曰天地設位而聖人成能既撲緼

紛之況雷雨作解而君子赦過式流汪濊之恩

此文先三日鎖院所作冬至日適有雷雪之異

殆成讖云葉子昂參知政事爲諫議大夫林安

宅所擊罷去林遂副樞密已而置獄治其言皆

無實林責居筠葉召拜左揆予草制曰既從有

北之投亟下居東之召有欲爲王留者孰明去

就之忠無以我公歸兮大尉瞻儀之望本意用

公歸之句指邦人而言也故云瞻儀而御史單

時疑之謂人君而稱臣爲我公彼蓋不詳味詞

理耳子昂坐冬雷罷相子又當制曰調陰陽而
遂萬物所嗟論道之非因災異而劾三公實負
應天之愧蓋因有諷諫也嗣濮王加恩制曰天
神明而照知四方既下臨於精意王孫子而本
支百世茲載錫於蕃籬又曰春秋享祀獨冠周
家之宗盟老成典刑蔚爲劉氏之祭酒士衎制
曰克羞饋祀事其先而萬國歡心肅倡和聲行
於郊而百神受職賜宰臣辭免提舉聖政書成
轉官詔曰爲天子父尊之至永惟傳序之恩問

聖人德何以加莫越壷華之云存賜葉資政辭召命詔曰見晛曰消顧何傷於日月得時則駕宜亟會於風雲賜史大觀文以新蜀帥改越辭免詔曰王陽爲孝子敢煩益部之行莊助留侍中姑奉會稽之計吳璘在興元修塞兩縣決壞渠爲田獎諭詔曰刻石立作三犀牛重見離堆之利復陂誰云兩黃鵠詎煩鴻郤之謠用老杜石犀行云秦時蜀太守刻石立作三犀牛及翟方進壞鴻郤陂童謠云云反乎覆陂當復誰云者兩

黃鵠等語也劉共甫自禮帥除翰林學士答詔曰不見賈生玆趣長沙之召既還陸贄宜膺內相之除批執政辭經脩哲宗寳訓轉官曰念疊矩重規當賢聖之君七作而立經陳紀在謨訓之文一百篇哲廟正為第七主而寳訓百卷也答蔣丞相辭免曰永惟萬事之統知非艱而行惟艱有不二心之臣帥以正則罔不正禮部為宰臣以顯仁皇后小祥請吉服奏曰練而慨然禮應順變期可已矣懼或過中又曰漢中天二百

而興益隆大業舜至孝五十而慕獨耀前徽時
高宗聖壽五十四也辛巳親征詔曰惟天惟祖
宗方共扶於基緒有民有社稷敢自佚於宴安
又曰歲星臨於吳分定成肥水之勳鬬士倍於
晉師可決韓原之勝是時歲星在楚故云檄書
曰爲劉氏左袒飽聞思漢之忠徯湯后東征必
慰戴商之望又曰侯王寧有種乎人皆可致富
貴是所欲也時不再來紫宸大宴致語曰廟謨
先定百官脩輔石厥后惟明黼坐端臨五帝神

聖而其臣莫及作聖而[illegible]訓曰念五馬浮江之後光啓中興述六龍御天以來式時猷訓又曰薦於天而天是受永言覆燾之恩問諸朝而朝不知詎測形容之妙汪觀文復官詞曰作雷雨之解而宥罪在法當原如日月之食而及更於明何損步帥陳敏制曰亞夫持重小棘門霸上之將軍不識將屯冠長樂未央之衛尉吳挺興州制曰能得士心吳起固西河之守差疆人意廣平開東漢之興起復知金州制曰惟天不

弔壞萬里之長城有子而賢作三軍之元帥蕭鷓巴詞曰隨會在秦晉國起六卿之懼日磾仕漢秺侯傳七葉之芳姚仲復官制曰李廣數奇應恨封侯之相孟明一眚終酬拜賜之師追封皇第四子邵王詞曰舉漢武三王之策方茂徽章念周文十子之宗獨留遺恨時巳封建三王也趙忠簡謚制曰見夷吾於江左共知晉室之何憂還德裕於崖州豈待令狐之復夢王彦贈官詞曰申帶礪ソ丹書[illegible]誓兮休甲第之功臣

挂衣冠於神虎之門[illegible][illegible]管之校尉向起贈官詞曰馳至金城郡方思充國之忠生入玉門關竟負班超之望李師顏贈官制曰青天上蜀道父嚴分閫之權黑水惟梁州憺失安邊之傑襄帥王宣贈官詞曰黃河如帶莫申劉氏之盟漢水爲池空墮羊公之淚王綸以太常少卿朔祭太廟忘設象尊犧尊降官詞曰犧象不設已廢司彝之供餼羊空存殊乖告朔之禮潼川神加封詞曰駕鳶飛龍兮靈之旂具嚴渙命驅厲鬼

兮山之左終相此邦青城山巒叢氏封侯詞曰想青神侯國之封自今以始雖白帝公孫之盛於我何加陽山龍毋詞曰居然生子乘雲氣以爲龍惟爾有神時雨暘而利物魏丞相贈父詞曰大名之後必大非此其身和戎如樂之和幸哉有子魏蓋以使虜定和議旋致大用贈毋詞曰藏盟府之國功不殊魏絳成外家之宅相重見陽元封妻姜氏詞曰筮仕于晉曰魏方開門戶之祥取妻必齊之姜也[illegible]美虞丞相

贈父詞曰活子[illegible]不[illegible]生在其子德百
世必祀畸於人者侔於天周人贈父詞曰有
子能賢高舉而集吳地受予顯服會同而朝漢
京用東方朔非有先生傳高舉遠引來集吳地
及兩京賦春王三朝會同漢京也獎諭吳挺詔
曰閫外制將軍方有成於東鄉舟中皆敵國應
無慮於西河梁丞相醴泉使兼侍讀制曰珍臺
閒館獨冠皐伊之倫魁廣厦細旃尚論唐虞之
盛際又答詔曰一言可以興邦念爲臣之不易

三宿而後出晝勉爲王而留行王丞相進玉牒
加恩制曰載籍之傳五三壯太祖太宗之立極
賢聖之君六七耀永昭永厚之詒謀批以早得
雨請御殿曰念七月之間則旱咎證巳深雖三
日巳往爲霖憂端未艾餘不勝書唯記從兄在
泉幕淮東使者其友壻也發京狀薦之爲作謝
啓曰襟袂相連夙愧末親之孤陋雲泥懸望分
無通貴之哀憐皆用杜詩其下句人人知之上
句乃贈李十五丈云[illegible]級敢比肩

人生意氣合想[illegible]而與前送韋書記詩句偶可整齊用之古[illegible]于此但以傳示子孫甥姪而已不足爲外人道也

唐賢啓狀

故書中有唐賢啓狀一冊皆汎汎緘題其間標爲獨孤常州及劉信州太眞陸中丞長源呂衡州溫者各數十篇亦無可傳誦時人以其名士故流行至今獨孤有與第五相公書云垂示送丘郎中兩詩詞清興深常情所不及陰天聞斷

原書缺頁

原書缺頁

容齋三筆卷第九 十六則

樞密兩長官

趙汝愚初拜相陳騤自參知政事除知樞密院趙辭不受相印乃改樞密使而陳已供職累日朝論謂兩樞長又名稱不同爲無典故按熙寧元年觀文殿學士新知大名府陳升之過闕留知樞密院故事樞密使與知院事不並置時文彥博呂公弼既爲使神宗以升之三輔政欲稍異其禮且王安石意在抑彥博故特命之然則

自有故事也

赦放債負

淳熙十六年二月登極赦凡民間所欠債負不以久近多少一切除放遂有方出錢旬日未得一息而并本盡失之者人不以爲便何澹爲諫大夫嘗論其事遂令只償本錢小人無義幾至喧譟紹熙五年七月覃赦乃只爲蠲三年以前者按晉高祖天福六年八月赦云私下債負取利及一倍者並放此最爲得又云天福五年終

以前殘稅並放而今時所放官物常是以前三年爲斷則民已輸納無及於惠矣唯民間房賃欠負則從一年以前皆免比之區區五代翻有所不若也

馮道王溥

馮道爲宰相歷數朝當漢隱帝時著長樂老自敘云余先自燕亡歸河東事莊宗明宗愍帝清泰帝晉高祖少帝契丹主漢高祖今上三世贈至師傅階自將仕郎至開府儀同三司職自幽

州巡官至武勝軍節度使官自試大理評事至兼中書令正官自中書舍人至戎太傅漢太師爵自開國男至齊國公孝於家忠於國已無不道之言門無不義之貨下不欺於地中不欺於人上不欺於天其不足者不能爲大君致一統定八方誠有愧於歷官何以答乾坤之施老而自樂何樂如之道此文載於范質五代通録歐陽公司馬温公嘗詆誚之以爲無廉恥矣王溥自周太祖之末爲相至國朝乾德二年罷嘗作

自問詩述其踐歷其序云予年二十有五舉進士甲科從周祖征河中改太常丞登朝時同年生尚未釋褐不日作相在廊廟凡十有一年歷事四朝去春恩制改太子太保每思菲陋當此榮遇十五年閒遂躋極品儒者之幸殆無以過今行年四十三歲自朝請之暇但宴居讀佛書歌詠承平因作自問詩十五章以志本末此序見三朝史本傳而詩不傳頗與長樂敘相類亦可議也

周玄豹相

唐莊宗時術士周玄豹以相法言人事多中時明宗爲内衙指揮使安重誨使他人易服而坐召玄豹相之玄豹曰内衙貴將也此不足當之乃指明宗於下坐曰此是也因爲明宗言其後貴不可言明宗即位思玄豹以爲神將召至京師宰相趙鳳諫乃止觀此事則玄豹之方術可知然馮道初自燕歸太原監軍使張承業辟爲本院巡官甚重之玄豹謂承業曰馮生無前程

不可過用書記盧質曰我曾見杜黄裳寫眞圖道之狀貌酷類焉將來必副大用玄豹之言不足信也承業於是薦道爲霸府從事其後位極人臣考終牖下五代諸臣皆莫能及則玄豹未得擅唐許之譽也道在晉天福中爲上相詔賜生辰器幣道以幼屬亂離早喪父母不記生日懇辭不受然則道終身不可問命獨有形狀可相而善工亦失之如此

鈷鉧滄浪

柳子厚鈷鉧潭西小丘記云丘之小不能一畝問其主曰唐氏之棄地貨而不售問其價曰止四百予憐而售之以茲丘之勝致之灃水鄠杜則貴游之士爭買者日增千金而愈不可得今棄是州也農夫漁父過而陋之賈四百連歲不能售蘇子美滄浪亭記云予游吳中過郡學東顧草樹鬱然崇阜廣水不類乎城中並水得微徑於雜花脩竹之間東趨數百步有棄地三向皆水旁無民居左右皆林木相虧蔽予愛而裴

回遂以錢四萬得之予謂二境之勝絶如此至於人棄不售安知其後卒爲名人賞踐如滄浪亭者今爲韓蘄王家所有價直數百萬矣但鈷鉧復埋没不可識士之處世遇與不遇其亦如是哉

司封失典故

南渡之後臺省胥吏舊人多不存後生習學加以省記不復諳悉典章而司封以閒曹之故尤爲不謹舊法大卿監以上贈父至太尉止餘官

至吏部尚書止今司封法餘官至金紫光禄大
夫蓋昔之吏書也而中散以上贈父至少師止
按政和以前太尉在太傅上其上唯有太師故
凡稱攝太尉者皆爲攝太傅則贈者亦應如此
不應但許至少師也生爲執政其身後但有子
升朝則累贈可至極品大國公歐陽公位參知
政事太子少師後以諸子恩至太師兗國公而
其子棐亦不過朝大夫耳見於蘇公祭文及黄
門所撰神道碑比年汪莊敏公任樞密使以子

贈太師當封國公而司封以爲須一子爲侍從乃可竟不肯施行不知其説載於何法也朱漢章卻以子贈至大國公舊少卿監遇恩封開國男食邑三百户自後再該加封則每次增百户無止法今一封即止舊學士待制食邑千五百户以上每遇恩則加實封若虚邑五百者其實封加二百虚邑三百二百者實封加一百今復不然雖前執政亦只加虚邑三百耳故侍從官多至實封百户即止尤可笑也

老人該恩官封

晁無咎作積善堂記云大觀元年大赦天下民百歲男子官婦人封仕而父母年九十官封如民百歲於是故漳州軍事判官晁仲康之母黄氏年九十一矣其第四子仲詢走京師狀其事省中爲漳州請漳州雖没赦令初不異往者丞相以爲可而上之封壽光縣大君今自乾道以來慶典屢下仕者之父母年七十八十即得官封而子已没者其家未嘗陳理爲可惜也

學士中丞

淳熙十四年九月予以雜學士除翰林學士蔣世脩以諫議大夫除御史中丞時施聖與在政府語同列云此二官不常置今咄咄逼人吾輩當自黙檢蓋謂其必大用也已而皆不然因考紹興中所除者不暇纘述姑從壽皇聖帝以後至于紹熙五年枚數之爲學士者九人仲兄文安公史魏公伯兄文惠公劉忠肅王日嚴王魯公周益公及予其後李獻之也二兄史劉王周

皆擢執政曰嚴以耆老拜端明致仕唯予出補
郡獻之遂踵武爲中丞者六人辛企李姚令則
黄德潤蔣世脩謝昌國何自然也辛姚黄皆執
政唯蔣補郡昌國從權尚書即去國自然以本
生母憂持服云

漢高祖父母姓名

漢高祖父曰太公母曰媼見於史者如是而已
皇甫謐王符始撰爲奇語云太公名執嘉又名
熣媼姓王氏唐洪文館學士司馬貞作史記索

隱云毋温氏是時打得班固泗水亭長古石碑
文其字分明作温云毋温氏與賈膺復徐彦伯
魏奉古等執對反覆深嘆古人未聞聊記異見
予竊謂固果有此明證何不載之於漢紀疑亦
後世好事者如皇甫之徒所增加耳又嘗在嶺
外見康州龍媪廟碑亦云姓温氏則指媪爲温
者不一也唐小説纂異記載三史王生醉入高
祖廟見高祖云朕之中外泗州亭長碑昭然具
載外族温氏蓋不根誕妄之説

君臣事迹屏風

唐憲宗元和二年製君臣事跡上以天下無事留意典墳每覽前代興亡得失之事皆三復其言遂采尚書春秋後傳史記漢書三國志晏子春秋吳越春秋新序說苑等書君臣行事可爲龜鑑者集成十四篇自製其序寫於屏風列之御座之右書屏風六扇於中宣示宰臣李藩等皆進表稱賀白居易翰林制詔有批李夷簡及百寮嚴綬等賀表其畧云取而作鑑書以爲屏

與其散在圖書心存而景慕不若列之繪素目覩而躬行庶將爲後事之師不獨觀古人之象又云森然在目如見其人論列是非旣庶幾爲坐隅之戒發揮獻納亦足以開臣下之心居易代言可謂詳盡又以見唐世人主作一事而中外至於表賀又答詔勸渠如此亦幾於叢脞矣憲宗此書有辨邪正去奢泰兩篇而末年用皇甫鎛而去裴度荒於遊宴死於宦侍之手屏風本意果安在哉

僧道科目

唐末帝清泰二年二月功德使奏每年誕節諸州府奏薦僧道其僧尼欲立講論科講經科表白科文章應制科持念科禪科聲贊科道士經法科講論科文章應制科表白科聲贊科焚修科以試其能否從之此事見舊五代史記不知曽行與否至何時而罷也蓋是時猶未鬻賣祠部度牒耳周世宗廢併寺院有詔約束云男年十五以上念得經文一百紙或讀得五百紙女

年十三以上念得經文七十紙或讀得三百紙者經本府陳狀乞剃頭委録事參軍本判官試驗兩京大名京兆府青州各起置戒壇候受戒時兩京委祠部差官引試其三處衹委判官逐處聞奏候勅下委祠部給付憑由方得剃頭受戒其防禁之詳如此非若今時只納錢于官便可出家也念經讀經之異疑爲背誦與對本云

射佃逃田

漢之法制大抵因秦而隨宜損益不害其爲炎

漢唐之法制大抵因隋小加振飾不害其爲盛

唐國家當五季衰亂之後其究不下秦隋然一

時設施固亦有可采取按周世宗顯德二年詔

應逃户莊田並許人請射承佃供納税租如三

周年内本户來歸者其桑田不計荒熟並交還

一半五周年内歸業者三分交還一分如五周

年外除本户墳塋外不在交付之限其近北諸

州陷蕃人戶來歸業者五周年内三分交還二

分十周年内還一半十五周年内三分還一此

外者不在交還之限其旨明白人人可曉非若今之令式文書盈於几閣爲猾吏舞文之具故有捨去物業三五十年妄人詐稱逃戶子孫以錢買吏而奪見佃者爲可歎也

周世宗好殺

史稱周世宗用法太嚴羣臣職事小有不舉往往寘之極刑予旣書于續筆矣薛居正舊史記載其事甚備而歐陽公多芟去今畧記于此樊愛能何徽以用兵先潰軍法當誅無可言者其

他如宋州巡檢供奉官竹奉璘以捕盜不獲左羽林大將軍孟漢卿以監納取耗刑部員外郎陳渥以撿田失實濟州馬軍都指揮使康儼以橋道不謹內供奉官孫延希以督修永福殿而役夫有就瓦中噉飯者密州防禦副使侯希進以不奉使者命撿視夏苗左藏庫使符令光以造軍士袍襦不辦楚州防禦使張順以隱落稅錢皆抵極刑而其罪有不至死者

一字數義固有之矣若孟字只是最長最先之稱如所謂孟侯孟孫元妃孟子孟春孟夏之類是也國語優施謂里克妻曰主孟啗我注云大夫之妻稱主從夫稱也而謂孟爲里克妻字則非矣又云孟一作盍史記呂后本紀注中引此句而司馬正索隱乃云孟者且也言且啗我物其說無所據班固幽通賦盍孟晉以迨羣李善乃注孟爲勉蜀王衍書其臣徐延瓊宅壁爲孟言蜀語謂孟爲弱故以戲之其後孟知祥得蜀

館于徐第以爲巳識此義又爲無稽也東坡與歐陽叔弼詩云圭孟當啗我玉鱗金鯉魚正用優施語魯之寶刀曰孟勞不詳其義

向巨原詩

亡友向巨原自少時能作詩予初識之於梁宏夫坐上未深知之也是日偕二友從吳傳朋游芝山登五老亭以駕言出游分韻賦詩巨原得駕字其語云兹山何巍巍氣欲等嵩華從公二三子勝日飽閒暇躋攀謝車輿白辦兩不借捫

蘿覔幽磴行椒得孤樹側送夕陽移俯視高鳥下登臨記曩昔歲月驚代謝却數一周星復命千里駕身從泛梗流事與浮雲化竭來共一尊似爲天所赦明發還問途合離足悲吒詩成觀者皆服傳朋游綵詩卷數百篇巨原獨不深嘆美之頗記其數句曰先生著名節百世追延陵我評先生賢不以能書稱功成磨蒼崖盛德頌日昇勿書陵雲榜華巔踏高層句格超峻其旨皆有規諷與前所紀劉彥冲古風相類也後裒

其平生所作數千篇目爲葵齋雜藁倩予爲序時予在章貢及序成持寄之則已卧病僅能於枕上一讀而已巨原初見韓子蒼得一詩曰老子眞祠地君來覓紙題文如士衡俊年與正平齊聞說鍾陵郡官居章水西涪翁詩律在佳處可時携而韓集佚不收但見序中耳

葉晦叔詩

亡友葉黰晦叔嘗除勑令所删定官紹興十九年爲福建帥屬予嘗因春補諸生白于府主邀

眞同考校鎖宿貢院兩旬子作長句云沈沈廣廈清如水市聲人聲不到耳一閒十日豈天賜慙愧紛紛白袍子相逢更得金玉人久矣眼中無此士連牀夜語不成寐往往雞聲忽驚起是中差樂眞難名昔者相過安得此但憐時節不相諶正値清明寒食裏梨花巳空海棠謝外間物色知餘幾只恐雨風摧折之負此一春吾過矣謝公尋山飽閒暇應笑腐儒黏故紙錦囊得句應巳多萬一相思頻寄似時謝景思爲參議

官故卒章簡之晦叔和篇云文章萬言抵杯水世上虛名徒爾耳我常自笑一生癡那更將癡笑羣子大屋沈沈餘百年到今所閱知幾士看渠得失自偶然其間悲喜從何起君聞我言亦大笑爲謊萬事揔如此（缺兩句）急須了却公家事門外不知春有幾（缺三句）飛雨時聞打窻紙他年萬一復相從未必從容今日似其語意超新惜不能盡憶又嘗云五十六言大抵多引韻起若以側句入尤峻健如老杜幽棲地僻經過少老

病人扶再拜難是也然此猶是作對若以散句起又佳如苦憶荆州醉司馬謫官樽俎定常開是也故予自福倅滿歸晦叔以二詩送別正用此體一章云一門伯仲知誰似四海文章正數君何事與予如舊識由來於世兩相聞閒官各喜光陰賸勝地空多物色分忽復翩然從此去便應變化上青雲二章云此地相從驚歲晚登臨況是客歸時却將襟抱向誰可正爾艱難惟子知情到中年工作惡别於生世易爲悲梅花

盡醉清江上黯澹西風凍雨垂可謂奇作然相
別不兩年即下世每誦味其語輒爲悽然因刻
所作容齋記嘗識于末

容齋三筆卷第九

容齋三筆卷第十　十七則

詞學科目

熙寧罷詩賦元祐復之至紹聖又罷於是學者不復習爲應用之文紹聖二年始立宏詞科除詔誥制勑不試外其章表露布檄書頌箴銘序記誡論凡九種以四題作兩場引試唯進士得預而專用國朝及時事爲題每取不得過五人大觀四年改立詞學兼茂科增試制詔内二篇以歷代史故事每歲一試所取不得過三人紹

興三年工部侍郎李擢又乞取兩科裁訂別立一科遂增爲十二體曰制曰誥曰詔曰表曰露布曰檄曰箴曰銘曰記曰贊曰頌曰序凡三場試六篇每場一古一今而許卿大夫之任子亦就試爲博學宏詞科所取不得過五人任子中選者賜進士第雖用唐時科目而所試文則非也自乙卯至于紹熙癸丑二十榜或三人或二人或一人并之三十三人而紹熙庚戌闕不取其以任子進者湯岐公至宰相王日嚴至翰林

承旨李獻之學士陳子象兵部侍郎湯朝美右史陳峴方進用而予兄弟居其間文惠公至宰相文安公至執政予冐處翰苑此外皆係已登科人然擢用者唯周益公至宰相周茂振執政沈德和莫子齊倪正父莫仲謙趙大本傅景仁至侍從葉伯益季元衡至左右史餘多碌碌而見存未顯者陳宗召也然則吾家所蒙亦云過矣

唐夜試進士

唐進士入舉塲得用燭故或者以爲自平旦至通宵劉虛白有二十年前此夜中一般燈燭一般風之句及三條燭盡之説按舊五代史選舉志云長興二年禮部貢院奏當司奉堂帖夜試進士有何條格者勑旨秋來赴舉備有常程夜後爲文曾無舊制王道以明規是設公事須白晝顯行其進士並令排門齊入就試至閉門時試畢内有先了者上曆書時旋令先出其入策亦須晝試應諸科對策並依此例則晝試進士

非前例也清泰二年貢院又請進士試雜文並
點門入省經宿就試至晉開運元年又因禮部
尚書知貢舉竇正固奏自前考試進士皆以三
條燭爲限并諸色舉人有懷藏書册不令就試
未知於何時復有更革臼樂天集中奏狀云進
士許用書册兼得通宵但不明言入試朝暮也

納紬絹尺度

周顯德三年勑舊制織造絁紬絹布綾羅錦綺
紗縠等幅闊二尺起來年後並須及二尺五分

宜令諸道州府來年所納官絹每匹須及一十二兩其絁紬只要夾密停勻不定斤兩其納官紬絹依舊長四十二尺乃知今之税絹尺度長短闊狹斤兩輕重頗本於此

朱梁輕賦

朱梁之惡最爲歐陽公五代史記所斥詈然輕賦一事舊史取之而新書不爲拈出其語云梁祖之開國也屬黄巢大亂之餘以夷門一鎮外嚴烽候內辟汙萊厲以耕桑薄以租賦士雖苦

戰民則樂輸二紀之閒俄成霸業及末帝與莊宗對壘于河上河南之民雖困於輦運亦未至流亡其義無他蓋賦斂輕而丘園可戀故也及莊宗平定梁室任吏人孔謙爲租庸使峻法以剥下厚歛以奉上民產雖竭軍食尚虧加之以兵革因之以饑饉不四三年以致顛隕其義無他蓋賦役重而寰區失望故也予以事考之此論誠然有國有家者之龜鑑也資治通鑑亦不載此一節

坎離陰陽

坎位正北當幽陰肅殺之地其象於易爲水爲月董仲舒所謂陰常居大冬而積於空虛不用之處然而謂之陽離位正南當文明赫赫之地於易爲日爲火仲舒所謂陽常居大夏而以生育長養爲事然而謂之陰豈非以陰生於午陽生於子故邪司馬正云天是陽而南是陽位故木亦是陽所以木正爲南正也火是地正亦稱北正者火數二二地數地陰主北方故火正亦

稱北正究其極摯頗似難曉聖人無所云古先名儒以至于今亦未有論之者

前執政爲尚書

祖宗朝曾爲執政其後入朝爲他官者甚多自元豐改官制後但爲尚書曾孝寬自簽書樞密去位復拜吏部尚書韓忠彥自知樞密院出藩以吏書召李清臣蒲宗孟王存皆嘗爲左丞而清臣存復拜吏書宗孟兵書先是元祐六年清臣除目下爲給事中范祖禹封還朝廷未決繼

又進擬宗孟兵部右丞蘇轍言不如且止左僕射呂大防於簾前奏諸部久闕尚書見在人皆資淺未可用又不可闕官須至用前執政轍曰尚書闕官已數年何嘗闕事遂已胡宗愈嘗爲右丞召拜禮書吏書自崇寧已來乃不復然

河伯娶婦

史記褚先生所書魏文侯時西門豹爲鄴令問民所疾苦長老曰吾爲河伯娶婦以故貧豹問其故對曰鄴三老廷掾常歲賦斂百姓錢帑數

百萬用其二三十萬爲河伯娶婦與祝巫分其餘錢持歸巫行視小家女好者即聘娶爲治齋宮河上粉飾女浮之河中而沒其人家有好女者多持女遠逃亡以故城中益空無人豹曰至娶婦時吾亦往送遂投大巫嫗及三弟子并三老於河乃罷去從是以後不敢復言爲河伯娶婦子按此事蓋出於一時雜傳記疑未必有實而六國表秦靈公八年初以君主妻河言初者自此年而始不知止於何時注家無說司馬正

史記索隱乃云初以君主妻河謂初以此年取他女爲君主君主猶公主也妻河謂嫁之河伯故魏俗猶爲河伯娶婦蓋其遺風然則此事秦魏皆有之矣

六經用字

六經之道同歸旨意未嘗不一而用字則有不同者如佑祐右三字一也而在書爲佑在易爲祐在詩爲右惟維唯一也而在書爲惟在詩爲維在易爲唯左傳亦然又如易易之无字周禮之

瀍眡䒞寃鱻齍阜獻㝠斞糾篹等字他經皆不然今人書无咎无妄多作無失之矣孝宗初登極以潛邸爲佑聖觀令玉冊官篆牌奏云篆法佑字無立人只單作右字道士力爭以爲觀名去人恐不可安跡有旨特增之

鄂州興唐寺

鄂州城北鳳凰山之陰有佛刹曰興唐寺其小閣有鐘題誌云大唐天祐二年三月十五日新鑄勒官階姓名者兩人一曰金紫光祿大檢校

尚書左僕射兼御史大夫陳知新一曰銀青光禄大夫檢校尚書右僕射兼御史大夫楊琮大字之下皆當有夫字而悉削去觀者莫能曉五代新舊史九國志並無其説唯劉道原十國紀年載楊行密之父名怤怤與夫同音是時行密據淮南方破杜洪於鄂而有其地故將佐爲諱之行密之子渭建國之後改文散諸大夫爲大卿御史大夫爲御史大憲更可證也鄱陽浮洲寺有吳武義二年銅鐘安國寺有順義三年鐘皆刺史

呂師造題官稱曰光禄大卿檢校太保兼御史大卿然則亦非大憲也王得臣麈史嘗辨此事而云行密遣劉存破鄂州知新琮不預志傳皆略而不書予又按楊溥時劉存以鄂岳觀察使爲都招討使知新以岳州刺史爲團練使同將兵擊楚爲所執殺則知新乃存偏裨非不預也

禰衡輕曹操

孔融薦禰衡以爲淑質貞亮英才卓躒志懷霜雪疾惡若讐任座史魚殆無以過若衡等輩不

可多得數稱述於曹操操欲見之衡素相輕疾不肯往而數有恣言操懷忿因召之擊鼓裸身辱之融爲見操説其狂疾求得自謝操喜勑門者有客便通待之極宴衡乃坐於營門言語悖逆操怒送與劉表衡爲融所薦東坡謂融視操特鬼蜮之雄其勢決不兩立非融誅操則操害融而衡平生唯善融及楊脩常稱曰大兒孔文舉小兒楊德祖融脩皆死於操手衡無由得全漢史言其尚氣剛傲矯時慢物此蓋不知其鄙

賤曹操故陷身危機所謂語言狂悖者必誦斥其有僭篡之志耳劉表復不能容以與黃祖觀其所著鸚鵡賦專以自況一篇之中三致意焉如云嬉游高峻栖峙幽深飛不妄集翔必擇林雖周旋於羽毛固殊智而異心配鸞皇而等美焉比翼於衆禽又云彼賢哲之逢患猶棲遲以羈旅矧禽鳥之微物能馴擾以安處又云嗟禄命之衰薄奚遭時以嶮巇豈言語以階亂將不密以致危又云顧六翮之殘毁雖奮迅其焉如

心懷歸而弗果徒怨毒於一隅卒章云苟竭心於所事敢背惠以忘初期守死以報德甘盡辭以効愚子每三復其文而悲傷之李太白詩云魏帝營八極蟻觀一禰衡黃祖斗筲人殺之受惡名吳江賦鸚鵡落筆超羣英鏘鏘振金石句句欲飛鳴鷙鶚啄孤鳳千春傷我情此論最爲精當也

禁中文書

韓魏公爲相密與仁宗議定立嗣公曰事若行

不可中止陛下斷自不疑乞内中批出帝意不
欲宫人知曰只中書行足矣淳熙十四年十月
二十二日壽皇聖帝自德壽持喪還宫二十五
日有旨召對與吏部尚書蕭燧同引中使先諭
旨曰教内翰留身既對乃旋於東華門内行廊
下夾一素幄御榻後出一紙録唐正觀中太子
承乾監國事以相示蕭先退上與邁言欲令皇
太子參決萬幾使條具合行事宜仍戒云進入
文字須是密邁奏言當親自書寫實封請通進

司上曰也只藹開不如分付近上一箇内臣邁

又言臣無由可與内臣相聞知惟御藥是學士

院承受文字尋常只是公家文書傳達令則不

可欲使檢索典故了日却再乞對面納上曰極

好於是七日開三得從容乃知禁廷機事深畏

漏泄如此其詳見於所記見聞事實

老子之言

老子之言大抵以無爲無名爲本至於絶聖棄

智然所云將欲歙之必固張之將欲弱之必固

强之將欲廢之必固興之將欲奪之必固與之乃似於用機械而有心者微言淵奥固莫探其旨也

孔叢子

前漢枚乘與吳王濞書曰夫以一縷之任係千鈞之重上縣無極之高下垂不測之淵雖甚愚之人猶知哀其將絶也馬方駭鼓而驚之係方絶又重鎮之係絶於天不可復結墜入深淵難以復出孔叢子嘉言篇載子貢之言曰夫以一

縷之任繫千鈞之重上縣之於無極之高下垂之於不測之深旁人皆哀其絶而造之者不知其危焉方駭鼓而驚之係方絶重而鎭之繫絶於高墜入於深其危必矣枚叔全用此語漢書注諸家皆不引證唯李善注文選有之予按孔叢子一書漢藝文志不載蓋劉向父子所未見但於儒家有太常蓼侯孔臧十篇今此書之末有連叢子上下二卷云孔臧著書十篇疑即是已然所謂叢子者本陳涉博士孔鮒子魚所論

集凡二十一篇爲六卷唐以前不爲人所稱至嘉祐四年宋咸始爲注釋以進遂傳于世今讀其文略無楚漢閒氣骨豈非齊梁以來好事者所作乎孔子家語著録於漢志二十七卷顏師古云非今所有家語也

小星詩

詩序不知何人所作或是或非前人論之多矣唯小星一篇顯爲可議大序云惠及下也而繼之曰夫人惠及賤妾進御於君故毛鄭從而爲

之辭而鄭箋爲其其釋肅肅宵征抱衾與裯兩句謂諸妾肅肅然而行或早或夜在於君所以次序進御又云裯者牀帳也謂諸妾夜行抱被與牀帳待進御且諸侯有一國其宮中嬪妾雖云至下國非閭閻賤微之比何至于抱衾而行況於牀帳勢非一已之力所能致者其說可謂陋矣此詩本是詠使者遠適夙夜征行不敢慢君命之意與殷其靁之指同

桃源行

陶淵明作桃源記云源中人自言先世避秦時亂率妻子邑人來此絶境不復出焉乃不知有漢無論魏晉系之以詩曰嬴氏亂天紀賢者避其世黄綺之商山伊人亦云逝願言躡輕風高舉尋吾契自是之後詩人多賦桃源行不過稱贊仙家之樂唯韓公云神仙有無何渺茫桃源之説誠荒唐世俗那知偽為真至今傳者武陵人亦不及淵明所以作記之意按宋書本傳云潛自以曾祖晉世宰輔恥復屈身後代自宋高

祖王業漸隆不復肯仕所著文章皆題其年月
義熙以前則書晉氏年號自永初以來唯云甲
子而已故五臣注文選用其語又繼之云意者
恥事二姓故以異之此說雖經前輩所詆然予
竊意桃源之事以避秦爲言至云無論魏晉乃
寓意於劉裕託之於秦借以爲喻耳近時胡宏
仁仲一詩屈折有奇味大略云靖節先生絶世
人奈何記僞不考眞先生高步窘末代雅志不
肯爲秦民故作斯文寫幽意要似寰海離風塵

其說得之矣

司封贈典之失

前所書司封失典故偶復憶一事尤爲可笑紹興二十八年郊祀赦恩資政殿學士樓炤父已贈少師乞加贈司封以資政殿學士係只封贈一代父既至少師不合加贈獨改封其母范氏歐陽氏爲秦國魏國夫人蓋樓公雖嘗爲執政而見居官職須大學士乃恩及三代故但用侍從常格資政殿學士施鉅父仲說已贈太子太

保加爲宫傅亦不及祖也乾道六年仲兄以端明殿學士知太平州是年郊赦伯兄已贈祖爲太保而轉運司移牒太平州云準吏部牒取會本路曾任執政官合封贈三代者仲兄旣具以報又再行下時祖母及父母已至極品於是以祖爲言遂復贈太傅命詞給告殊非端殿所當得不知省部一時何所據也

辰巳之巳

律書釋十母十二子之義大略與今所言同唯

至四月云其於十二子爲巳巳者言陽氣之巳盡也據此則辰巳之巳乃爲矣音其他引二十八宿謂柳爲注畢爲濁昴爲留亦見於毛詩注及左氏傳如詩謂營室爲定星也

容齋三筆卷第十一　十六則

碑誌不書名

碑誌之作本孝子慈孫欲以稱揚其父祖之功德播之當時而垂之後世當直存其名字無所避隱然東漢諸銘載其先代多只書官如淳于長夏承碑云東萊府君之孫太尉掾之中子右中郎將之弟李翊碑云牂牁太守曾孫謁者孫從事君元子之類是也自唐及本朝名人文集所志往往只稱君諱某字某至於記序之文亦

然王荆公爲多殆與求文揚名之旨爲不相契東坡先生送路都曹詩首言乖崖公在蜀有録事參軍老病廢事公責之遂求去以詩留别所謂秋光都似宦情薄山色不如歸意濃者公驚謝之曰吾過矣同僚有詩人而吾不知因留而慰薦之坡幼時聞父老言恨不問其姓名及守頴州而都曹路君以小疾求致仕誦此語留之不可乃采前人意作詩送之其詩大略云結髮空百戰市人看先封誰能搔白首抱關望夕烽

則路君之賢而不遇可知矣然亦不書其名使之少獲表見又為可惜也

漢文帝不用兵

史記律書云高祖厭苦軍事偃武休息孝文即位將軍陳武等議曰南越朝鮮擁兵阻阸選蠕觀望宜及士民樂用征討逆黨以一封疆孝文曰朕能任衣冠念不到此會呂氏之亂誤居正位常戰戰慄慄恐事之不終且兵凶器雖克所願動亦耗病謂百姓遠方何令匈奴內侵邊吏

功邊民父子荷兵日久朕常爲動心傷痛無日忘之願且堅邊設候結和通使休寧北陲爲功多矣且無議軍故百姓無内外之繇得息肩於田畝天下富盛粟至十餘錢子謂孝文之仁德如此此與武帝黷武窮兵爲霄壤不侔矣然班史略不及此事資治通鑑亦不編入使其事不甚暴白惜哉

帝王諱名

帝王諱名自周世始有此制然只避之於本廟

中可克昌厥後駿發爾私成王時所作詩昌發不爲文武諱也宣王名誦而吉甫作誦之句正在其時厲王名胡而胡爲虺蜴胡然厲矣之句在其孫幽王時小國曰胡亦自若也襄王名鄭而鄭不改封至於出居其國使者告于秦晉曰鄙在鄭地受晉文公朝而鄭伯傳王唯秦始皇以父莊襄王名楚稱楚曰荆其名曰政自避其嫌以正月爲一月蓋已非周禮矣漢代所謂邦之字曰國盈之字曰滿徹之字曰通雖但諱本

字而吏民犯者有刑唐太宗名世民在位之日不偏諱故戴冑唐儉爲民部尚書虞世南李世勣在朝至于高宗始改民部爲戶部世勣但爲勣韓公諱辨云今上書及詔不聞諱滸勢秉饑惟宦官宮妾乃不敢言喻及機以爲觸犯此數者皆其先世嫌名也本朝尚文之習大盛故禮官討論每欲其多廟諱遂有五十字者舉場試卷小涉疑似士人輒不敢用一或犯之往往暗行黜落方州科舉尤甚此風殆不可革然太祖

諱下字内有从木从匀者廣韻於進字中亦收張魏公以名其子而音爲進太宗諱字内有从耳从火者又有梗音今爲人姓如故高宗諱内从匀从口者亦然眞宗諱从心从亘音胡登切若缺其一畫則爲恒遂并恒字不敢用而易爲常矣

家諱中字

士大夫除官於官稱及州府曹局名犯家諱者聽回避此常行之法也李燾仁甫之父名中當

贈中奉大夫仁甫請於朝謂當告家廟與自身不同乞用元豐以前官制贈光祿卿丞相頗欲許之予在西垣聞其說爲諸公言今一變成式則他日贈中大夫必爲祕書監贈太中大夫必爲諫議矣法不可行遂止李愿爲江東提刑以父名中所部遂呼爲通議蓋近世率妄稱太中也李自稱只以本秩曰朝散黄通老資政之子爲臨安通判府中亦稱爲通議而受之自如

記張元事

自古夷狄之臣來入中國者必爲人用由余入秦穆公以霸金日磾仕漢脫武帝五柞之厄唐世尤多執失思力阿史那社爾李臨淮高仙芝渾瑊李懷光跌跌光顏朱耶克用皆立大功名不可殫紀然亦在朝廷所以御之否則爲郭藥師矣儻使中國英傑翻致力於異域忌壯士以資敵國者固亦多有賈季在狄晉大卿以爲難日至亘亘溫不能留王猛使爲符堅用唐莊宗不能知韓延徽使爲阿保機用皆是也西夏曩霄

之叛其謀皆出於華州士人張元與吳昊而其事本末國史不書比得田晝承君集實紀其事云張元吳昊姚嗣宗皆關中人負氣倜儻有縱横才相與友善嘗薄遊塞上觀覘山川風俗有經略西鄙意姚題詩崆峒山寺壁在兩界間云南粤干戈未息肩五原金鼓又轟天崆峒山叟笑無語飽聽松聲春晝眠范文正公巡邊見之大驚又有踏破賀蘭石掃清西海塵之句張爲鸚鵡詩卒章曰好著金籠收拾取莫教飛去別

人家吳亦有詩將謁韓范二帥恥自屈不肯往乃礱大石刻詩其上使壯夫拽之於通衢三人從後哭之欲以鼓動二帥既而果召與相見躊躇未用聞張吳徑走西夏范公以急騎追之不及乃表姚入幕府張吳既至夏國夏人倚爲謀主以抗朝廷連兵十餘年西方至爲疲弊職此二人爲之時二人家屬羈縻隨州聞使諜者矯中國詔釋之人未有知者後乃聞西人臨境作樂迎此二家而去自是邊師始待士矣姚又有

述懷詩曰大開雙白眼只見一青天張有雪詩曰五丁仗劍決雲霓直取銀河下帝畿戰死玉龍三十萬敗鱗風卷滿天飛吳詩獨不傳觀此數聯可想見其人非池中物也承君所記如此予謂張吳在夏國然後舉事不應韓范作帥日尚猶在關中豈非記其歲時先後不審乎姚張詩筆談諸書頗亦紀載張吳之名正與羌酋二字同蓋非偶然也

宵室七本

秦始皇作阿房宮爲蜀荆地材至關中役徒七十萬人隋煬帝營宮室近山無大木皆致之遠方二千人曳一柱以木爲輪則戛摩火出乃鑄鐵爲轂行一二里轂輒破別使數百人齎轂隨而易之盡日不過行二三十里計一柱之費已用數十萬功大中祥符間姦佞之臣罔眞宗以符瑞大興土木之役以爲道宮玉清昭應之建丁謂爲修宮使凡役工日至三四萬所用有秦隴岐同之松嵐石汾陰之梠潭衡道永鼎吉之

梌柟櫧温台衢吉之檮永澧處之槐樟潭柳明越之杉鄭淄之青石衡州之碧石萊州之白石絳州之斑石吳越之奇石洛水之石夘宜聖庫之銀朱桂州之丹砂河南之赭土衢州之朱土梓信之石青石碌磁相之黛秦階之雌黃廣州之藤黃孟澤之槐華虢州之鉛丹信州之土黃河南之胡粉衞州之白堊鄆州之蚌粉兗澤之墨歸歙之漆萊蕪興國之鐵其木石皆遣所在官部兵民入山谷伐取又於京師置局化銅爲

鍮冶金薄鍜鐵以給用凡東西三百一十步南北百四十三步地多黑土䟽惡於京東北取良土易之自三尺至一丈有六等起二年四月至七年十一月宮成總二千六百一十區不及三十年天火一夕焚爇但存一殿是時役徧天下而至尊無窮兵黷武聲色苑囿嚴刑峻法之舉故民閒樂從無一違命視秦隋二代萬萬不侔矣然一時賢識之士猶爲盛世惜之國史志載其事欲以爲夸然不若掩之之爲愈也沈括筆

談云温州鴈蕩山前世人所不見故謝靈運爲太守未嘗游歷因昭應宫採木深入窮山此境始露於外他可知矣

歲月日風雷雄雌

虞喜天文論漢太初曆十一月甲子夜半冬至云歲雄在閼逢雌在攝提格月雄在畢雌在觜日雄在子又云甲歲雄也畢月雄也陬月雌也大抵以十干爲歲陽故謂之雄十二支爲歲陰故謂之雌但畢觜爲月雄雌不可曉今之言陰

陽者未嘗用雄雌二字也郎顗傳引易雌雄祕歷今亡此書宋玉風賦有雄風雌風之説沈約有雌霓連蜷之句春秋元命包曰陰陽合而爲雷師曠占曰春雷始起其音格格其霹靂者所謂雄雷旱氣也其鳴依音音不大霹靂者所謂雌雷水氣也見法苑珠林予家有故書一種曰孝經雌雄圖云出京房易傳亦日星占相書也

東坡三詩

東坡初赴惠州過峽山寺不值主人故其詩云

山僧本幽獨乞食況未還雲碓水自舂松門風
爲關石泉解娛客琴筑鳴空山既至惠州殘臘
獨出至棲禪寺亦不逢一僧故其詩云江邊有
微行詰曲背城市平湖春草合步到棲禪寺堂
空不見人老稚掩關睡所營在一食食已寧復
事客行豈無得施子淨掃地風松獨不靜送我
作鼓吹後在儋耳作觀棊詩記游廬山白鶴觀
觀中人皆闔戶晝寢獨聞棊聲云五老峰前白
鶴遺址長松蔭庭風日清美我時獨游不逢一

士誰歟某者戶外屨二不聞人聲時聞落子其寂寞泠落之味可以想見句語之妙一至於此

天文七政

尚書舜典以齊七政孔安國本注謂日月五星也而馬融云七政者北斗七星各有所主第一主日第二主月第三曰命火謂熒惑也第四曰煞土謂填星也第五曰代水謂辰星也第六曰危木謂歲星也第七曰剽金謂太白也日月五星各異故曰七政尚書大傳一說又以爲七政

者謂春秋冬夏天文地理人道所以爲政也人道正而萬事順成三說不同然不若孔氏之明白也

符讀書城南

符讀書城南一章韓文公以訓其子使之腹有詩書致力於學其意美矣然所謂一爲公與相潭潭府中居不見公與相起身自犂鋤等語乃是覬覦富貴爲可議也杜牧之寄小姪阿宜詩亦云朝廷用文治大開官職場願爾出門去取

官如驅羊其意與韓類也予向爲陳鑄作城南堂記亦及此意云

致仕官上壽

范蜀公自翰林學士以本官戶部侍郎致仕仍居京師同天節乞隨班上壽許之遂著爲令韓康公元祐二年以司空致仕太皇太后受冊乞隨班稱賀而降詔免赴二者不同如此

五經字義相反

治之與亂順之與擾定之與荒香之與臭遂之

與潰皆美惡相對之字然五經用之或相反如
亂臣十人亂越我家惟以亂民亂爲四方新辟
亂爲四輔厥亂明我新造邦丕乃俾亂之類以
亂訓治也安擾邦國擾而毅擾龍六擾之類以
擾訓順也荒度土功遂荒大東大王荒之葛藟
荒之之類以荒訓定也無聲無臭胡臭亶時其
臭擅臭陰達于淵泉之類以臭訓香也是用不
潰于成草不潰茂之類以潰訓遂也鄭康成箋
毛詩潰成與毛公皆釋爲遂遂至於潰茂則以爲

濆當作彙彙茂貌也自爲異同如此

鎮星爲福

世之伎術以五星論命者大率以火土爲惡故有晝忌火星夜忌土之語土鎮星也行遲每至一宮則二歲四月乃去以故爲災最久然以國家論之則不然符堅欲南伐歲鎮守斗識者以爲不利史記天官書云五潢五帝居舍火入旱金兵水水宋均曰不言木土者德星不爲害也又云五星犯北落軍起火金水尤甚木土軍吉

又云鎮星所居國吉未當居而居已去而復還居之其國得土若當居而不居既已居之又西東去其國失土其居久其國福厚其居易輕速也福薄如此則鎮星乃爲大福德與木土異豈非國家休祥所係非民庶可得侔邪

東坡引用史傳

東坡先生作文引用史傳必詳述本末有至百餘字者蓋欲使讀者一覽而得之不待復尋繹書策也如勤上人詩集敘引翟公罷廷尉賓客

反覆事見君成詩集敘引李郃漢中以星知二
使者事上富丞相詩引左史倚相美衛武公事
答李琮書引李固論發兵討交趾事與朱鄂州
書引王濬活巴人生子事蓋公堂記引曹參治
齊事滕縣公堂記引徐公事溫公碑引慕容紹
宗李勣事密州通判題名記引羊叔子鄒湛事
荔枝歎詩引唐羌言荔枝事是也

　　兩莫愁

莫愁者郢州石城人今郢有莫愁村畫工傳其

貌好事者多寫寄四遠唐書樂志曰莫愁樂者出於石城樂石城有女子名莫愁善歌謠古詞曰莫愁在何處莫愁石城西艇子打兩槳催送莫愁來者是也李義山詩曰海外徒聞更九州他生未卜此生休空傳虎旅鳴宵柝無復雞人送曉籌此日六軍同駐馬他時七夕笑牽牛如何四紀爲天子不及盧家有莫愁此莫愁者洛陽人梁武帝河中之歌曰河中之水向東流洛陽女兒名莫愁 莫愁十三能織綺十四采桑南

陌頭十五嫁爲盧家婦十六生兒似阿侯盧家蘭室桂爲梁中有鬱金蘇合香頭上金釵十二行足下絲履五文章珊瑚挂鏡爛生光平頭奴子擎履箱人生富貴何所望恨不早嫁東家王者是也盧氏之盛如此所云不早嫁東家王莫詳其義近世周美成樂府西河一闋專詠金陵所云莫愁艇子曾繫之語豈非誤指石頭城爲石城乎

何公橋詩

英州小市江水貫其中舊架木作橋每不過數年輒爲湍潦所壞郡守建安何智甫始疊石爲之方成而東坡還自海外何求文以紀坡作四言詩一首凡五十六句今載於後集第八卷所謂天壤之間水居其多人之往來如鵜在河是也予侍親居英與僧希賜遊南山步過橋上讀詩碑希賜云眞本藏于何氏此有石刻經黨禁亦不存今以板刻之乃希賜所書也賜因言何公初請記坡爲賦此詩既大書矣而未遣送郡

候兵執役者見之以告何何又來謁坡曰軾本到橋所難以想像落筆何即命具食拉坡偕往坡曰使君是地主宜先升車何謝不敢乃並轎而行既至坡曰正堪作詩晚當奉戒抵暮送與之蓋詩中云我來與公同載而出讙呼填道抱其馬足故欲同行以印此語耳坡公作詩時建中靖國元年辛巳予聞希賜語時紹興十七年丁卯相去四十六年今追憶前事乃紹熙五年甲寅又四十七年矣

容齋三筆卷第十一

容齋三筆卷第十二 十六則

眄泰秋娘三女

白樂天鷰子樓詩序云徐州故張尚書有愛妓曰眄眄善歌舞雅多風態尚書既殁彭城有舊第第中有小樓名鷰子眄眄念舊愛而不嫁居是樓十餘年幽獨塊然白公嘗識之感舊游作三絶句首章云滿窻明月滿簾霜被冷燈殘拂臥牀鷰子樓中霜月苦秋來只爲一人長末章云今春有客洛陽回曾到尚書冢上來見說白

楊堪作杜爭教紅粉不成灰讀者傷惻劉夢得
泰娘歌云泰娘本韋尚書家主謳者尚書爲吳
郡得之誨以琵琶使之歌且舞携歸京師尚書
薨出居民閒爲蘄州刺史張愻所得愻謫居武
陵而卒泰娘無所歸地荒且遠無有能知其容
與藝者故日抱樂器而哭劉公爲歌其事云繁
華一旦有消歇題劍無光履聲絶蘄州刺史張
公子白馬新到銅駝里自言買笑擲黃金月墮
雲中從此始山城少人江水碧斷鴈哀絃風雨

夕朱弦已絶爲知音雲鬟未秋私自惜舉目風
煙非舊時夢尋歸路多參差如何將此千行淚
更灑湘江斑竹枝杜牧之張好好詩云牧佐故
吏部沈公在江西幕好好年十三以善歌來樂
籍中隨公移置宣城後爲沈著作所納見之於
洛陽東城感舊傷懷題詩以贈曰君爲豫章姝
十三纔有餘主公再三歎謂言天下無自此每
相見三日已爲踈身外任塵土尊前極歡娛飄
然集仙客載以紫雲車爾來未幾歲散盡高陽

徒洛陽重相見綽綽爲當壚朋遊今在否落拓

更能無問館慟哭後水雲秋景初洒盡滿襟淚

短歌聊一書予謂婦人女子華落色衰至於失

主無依如此多矣是三人者特見紀於英辭鴻

筆故名傳到今況於士君子終身不遇而與草

木俱腐者可勝歎哉然聘聘節義非泰娘好好

可及也

顔魯公祠堂詩

予家藏雲林繪監冊有顔魯公畫像徐師川題

詩曰公生開元閒壯及天寶亂捐軀范陽胡竟死蔡州叛其賢似魏證天下非正觀四帝數十年一身逢百難少時讀書史此事心已斷老來鬢髮衰慨歎功名晚嗟哉忠義途捷去不可緩初無當年悲只令後世歎一朝絶霖雨南畝常亢旱小夫計雖得斯民蓋塗炭長歌詠君節千載勇夫懦敬書子張紳庶幾古人半師川以詩鳴江西然此篇不為工嘗記李德遠舉似童敏德游湖州題公祠堂長句曰挂帆一縱疾於鳥

長興夜發吳興曉杖藜上訪魯公祠一見目明心皦皦未謊邪人懷使君且爲前古惜忠臣德宗更用盧杞相出當斯位誠艱辛生逆龍鱗死虎口要與乃兄同不朽狂童希烈何足罪姦邪嫉忠假渠手乃知成仁或殺身保身不必皆哲人此公安得世復有洗空凡馬須騏驎童之詩語意皆超拔亦臨川人而終身不得仕爲可惜也

閔子不名

論語所記孔子與人語及門弟子并對其人問答皆斥其名未有稱字者雖顏冉高第亦曰回曰雍唯至閔子獨云子騫終此書無損名昔賢謂論語出於曾子有子之門人予意亦出於閔氏觀所言閔子侍側之辭與冉有子貢子路不同則可見矣

曾皙待子不慈

傳記所載曾皙待其子參不慈至云因鉏菜誤傷瓜以大杖擊之仆地孔子謂參不能如虞舜

小杖則受大杖則避以爲陷父於不義戒門人曰參來勿内子竊疑無此事殆戰國時學者妄爲之辭且曾晳與子路冉有公西華侍坐有浴乎沂風乎舞雩之言涵泳聖教有超然獨見之妙於四人之中獨蒙吾與之褒則其爲人之賢可知矣有子如此而幾寘之死地庸人且猶不忍而謂晳爲之乎孟子稱曾子養曾晳酒肉養志未嘗有此等語也

具圓復詩

吳僧法具字圓復有能詩聲子乃紀之於夷堅志中殊爲不類比於福州僧智傚處見其詩藁一紙字體效王荆公其送僧一篇云瀧聲嘈嘈雜雨聲舍北舍南春水平拄杖穿花出門去五湖風浪白鷗輕送翁士特云朝入羊腸暮鹿頭十三官驛是荆州具車秣馬曉將發寒燭燒殘語未休竹軒云老竹排簷誰手種山日未斜寒翠重六月散髮葉底眠冷雨斜風頻入夢冬凋峰木雪縞廬落眼青青却笑渠花時吹笋排林

上吳州還見竹溪圖和子著三馬圖云從來畫
馬稱神妙至今只說江都王將軍曹霸實季仲
沙苑丞相猶諸郎龍眠居士善畫馬獨與二子
遙相望兩馬駢立眞驌驦一馬脫去仍騰驤浣
花老人今已亡嗚呼五馬誰平章飽知畫肉亦
畫骨妙處不減黃無雙又一篇云燒燈過了客
思家獨立衡門數暝鴉燕子未歸梅落盡小窗
明月屬梨花皆可咀嚼也吳門僧惟茂住天台
山一禪剎喜其旦暮見山作絶句曰四面峰巒

翠入雲一溪流水漱山根老僧只恐山移去日午先教掩寺門甚有詩家風旨而或者謂山若欲去豈容人掩住蓋吳人癡獃習氣也其說可謂不知音

人當知足

予年過七十法當致仕紹熙之末以新天子臨御未敢遽有請故玉隆滿秩只以本官職居里鄉衮趙子直不忍使絶禄粟俾之因任方用贊食太倉爲愧而親朋謂予爵位不逺二兒以爲

耿耿予誦白樂天初授拾遺詩以語之曰奉詔登左掖束帶參朝議何言初命卑且脫風塵吏杜甫陳子昂才名括天地當時非不遇尚無過斯位其安分知足之意終身不渝因畧考國朝以來名卿偉人負一時重望而不躋大用者如王黃州禹偁楊文公億李章武宗諤張乖崖詠孫宣公奭晁少保逈劉子儀筠宋景文祁范蜀公鎮鄭毅夫獬滕元發甫東坡先生范淳父祖禹曾子開肇彭器資汝礪劉原甫敞蔡君謨襄

孫莘老覺近世汪彥章藻孫仲益覿諸公皆不過尚書學士或中年即世或遷謫留落或無田以食或無宅以居況若我忠宣公者尚忍言之則予之忝竊亦已多矣

淵明孤松

淵明詩文率皆紀實雖寓興花竹閒亦然歸去來辭云景翳翳以將入撫孤松而盤旋其飲酒詩二十首中一篇云青松在東園衆草沒其姿凝霜殄異類卓然見高枝連林人不見獨樹衆

乃奇所謂孤松者是已此意蓋以自況也

饒州刺史

饒州良牧守自吳至今以政績著者有九賢郡圃立祠以事此外知名者者蓋鮮白樂天集有吳府君碑云君諱冊字眞存以進士第入官讀書數千卷著文數萬言生四五歲所作戲輒象道家法事既冠喜道書奉眞籙每専氣入静不粒食者數歲飄然有出世心既壯在家爲長屬有三㓜弟八稚姪不忍見其饑寒慨然有干禄意

求名得名家無長物澹乎自處與天和始終享壽命八十二歲無室家累無子孫憂終于饒州官次大略如此吳君在饒雖無遺事可紀以其邦君之故姑志於書吳爲人清淨恬寂所謂達士然年過八十尚領郡符又非爲妻子計者良不可曉唐之治不播棄黎老故其居職不自以爲過云

紫極觀鐘

饒州紫極觀有唐鐘一口形製清堅非近世工

鑄可比刻銘其上曰天寳九載歲次庚寅二月庚申朔十五日癸酉造通直郎前監察御史貶樂平員外尉李逢年銘前鄉貢進士薛彥偉述序給事郎行參軍趙從一書中大夫使持節鄱陽郡諸軍事檢校鄱陽郡太守天水郡開國公上官經野妻扶風郡君韋氏奉爲開元天地大寳聖文神武應道皇帝敬造洪鐘一口其後列録事參軍司功司法司士參軍各一人司戶參軍二人參軍二人録事一人鄱陽縣令一人尉

二人又專撿挍官鄱陽縣丞朱守靜專撿挍内供奉道士王朝隱又道士七人銘文亦雅潔字畫不俗但月朔庚申則癸酉日當是十四日鐫之金石而誤如此浮洲開福院亦有吳武義年一鐘然非此比也

兼中書令

紹熙五年十二月二十二日宣麻制除嗣秀王伯圭兼中書令此官久不除學士大夫多不知本末至或疑爲當入都堂治事邸報至外郡尤

所不曉邁考之典故侍中中書令爲兩省長官自唐以來居真宰相之位而中令在侍中上肅宗以後始以處大將故郭子儀僕固懷恩朱泚李晟韓弘皆爲之其在京則入政事堂然不預國事懿僖昭之時員寖多率由平章事遷兼侍中繼兼中書令又遷守中書令三者均稱使相皆大勅繫銜而下書使字五代尤多國朝創業之初尚仍舊貫於是吳越國王錢俶天雄節度符彥卿雄武王景武寧郭從義保大武行德成

德郭崇昭義李筠淮南李重進永興李洪義鳳翔王彥超定難李彝興荊南高保融武平周行逢武寧王晏武勝侯章歸義曹元忠十五人同時兼中書令太宗朝唯除石守信而趙普以故相拜真宗但以處親王嘉祐末除宗室東平王允弼襄陽王允良元豐中除曹佾與允弼允良相去十七八年爵秩固存沈括筆談謂有司以佾新命言自來不曾有活中書令請俸則例蓋妄也官制行改三使相並爲開府儀同三司元

祐以後不復有之雖崇觀政宣輕用名器且改爲左輔右弼然蔡京三爲公相亦不敢居乾道中詔於録黄及告命内除去侍中中書令遂廢此官今當先降指揮復置則於事體尤愜當也嗣王終不敢當於是寢前命而賜贊拜不名

作文字要點檢

作文字不問工拙小大要之不可不着意點撿若一失事體雖遣詞超卓亦云未然前輩宗工亦有所不免歐陽公作仁宗御書飛白記云予

將赴亳假道於汝陰因得閱書于子履之室而雲章爛然輝映日月爲之正冠肅容再拜而後敢仰視蓋仁宗皇帝之御飛白也曰此寶文閣之所藏也胡爲乎子之室乎曰曩者天子燕從臣于羣玉而賜以飛白予幸得預賜焉烏有記君上宸翰而彼此稱子且呼陸經之字又登真觀御書閣記言太宗飛白亦自稱予外制集序歷道慶曆更用大臣稱呂夷簡夏竦韓琦范仲淹富弼皆斥姓名而曰顧予何人亦與其選又

曰予時掌誥命又曰予方與修祖宗故事凡稱予者七東坡則不然爲王誨亦作此記其語云故太子少傅安簡王公諱舉正臣不及見其人矣云云是之謂知體

侍從兩制

國朝官稱謂大學士至待制爲侍從謂翰林學士中書舍人爲兩制言其掌行内外制也舍人官未至者則云知制誥故稱美之爲三字謂尚書侍郎爲六部長貳謂散騎常侍給事諫議爲

大兩省其名稱如此今盡以在京職事官自尚書至權侍郎及學士待制均爲侍從蓋相承不深考耳予家藏王沿春秋通義一書至和元年鄧州繳進二年有旨送兩制看詳於是具奏者十二人皆列名銜學士七人曰學士承旨禮部侍郎楊察翰林學士中書舍人趙槩楊偉刑部郎中胡宿吏部郎中歐陽脩起居舍人吕溱禮部郎中王洙知制誥五人曰起居舍人王珪右司諫賈黯兵部員外郎韓絳起居舍人吳奎右

正言劉㦤而他官弗預此可見也翰林本以六員爲額劉沆作相典領温成后喪事以王洙同其越禮建明於是員外用之嘗爲一時言者所論正此時云

片言解禍

自古將相大臣遭罹譖毀觸君之怒墮身於危棘將死之域而以一人片言轉禍爲福蓋投機中的使聞之者曉然易寤然非遭值明主不能也蕭何爲民請上林苑中空地高祖大怒以爲

多受賈人財物下何廷尉械繫之王衛尉曰陛下距楚數歲陳豨黥布反時相國守關中不以此時爲利乃利賈人之金乎上不懌即日赦出何絳侯周勃免相就國人上書告勃欲反廷尉逮捕勃治之薄太后謂文帝曰絳侯綰皇帝璽將兵於北軍不以此時反今居一小縣顧欲反邪帝即赦勃此二者可謂至危不容救而於立談閒見效如此蕭望之受遺輔政爲許史恭顯所嫉奏望之與周堪劉更生朋黨請召致廷尉

元帝不省爲下獄也可其奏已而悟其非令出視事史高言上新即位未以德化聞於天下而先驗師傅旣下九卿大夫獄宜因決免於是免爲庶人高祖文帝之明而受言元帝之昏而遂非於是可見

忠言嘉謨

揚子法言或問忠言嘉謨曰言合稷契謂之忠謨合臯陶謂之嘉如子雲之說則言之與謨忠之與嘉分而爲二傳注者皆未嘗爲之辭然則

稷契不能嘉謨皋陶不能忠言乎三聖賢遺語可傳於後世者唯虞書存五篇之中皋陶矢謨多矣稷與契初無一話一言可考不知子雲何以立此論乎不若魏鄭公但云良臣稷契皋陶乃爲通論

免直學士院

慶元元年正月一日鄭湜以起居郎直學士院二月二十三日趙汝愚罷相制乃湜所草議者指爲褒詞太過二十五日有旨免兼直院或以

爲故事所無按熈寧初王益柔以知制誥兼直學士院嘗奏中書熟狀加董氊階官之誤宰相怒其不申堂用他事罷其兼直已而遷龍圖閣直學士湜亦以罷直求去不許越三月而遷權刑部侍郎甚相類也

大賢之後

杜詩云大賢之後竟陵遲蕩蕩古今同一體乃贈狄梁公曾孫者至云飄泊岷漢干謁王侯則其衰微可知矣近見餘干寓客李氏子云本朝

三李相文正公昉文靖公沆文定公迪皆一時名宰子孫亦相繼達宦然數世之後益爲蕭條又經南渡之厄今三裔並居餘干無一人在仕版文定濮州之族今有居越者雖曰不顯猶簪纓僅傳而文正文靖無聞可爲太息

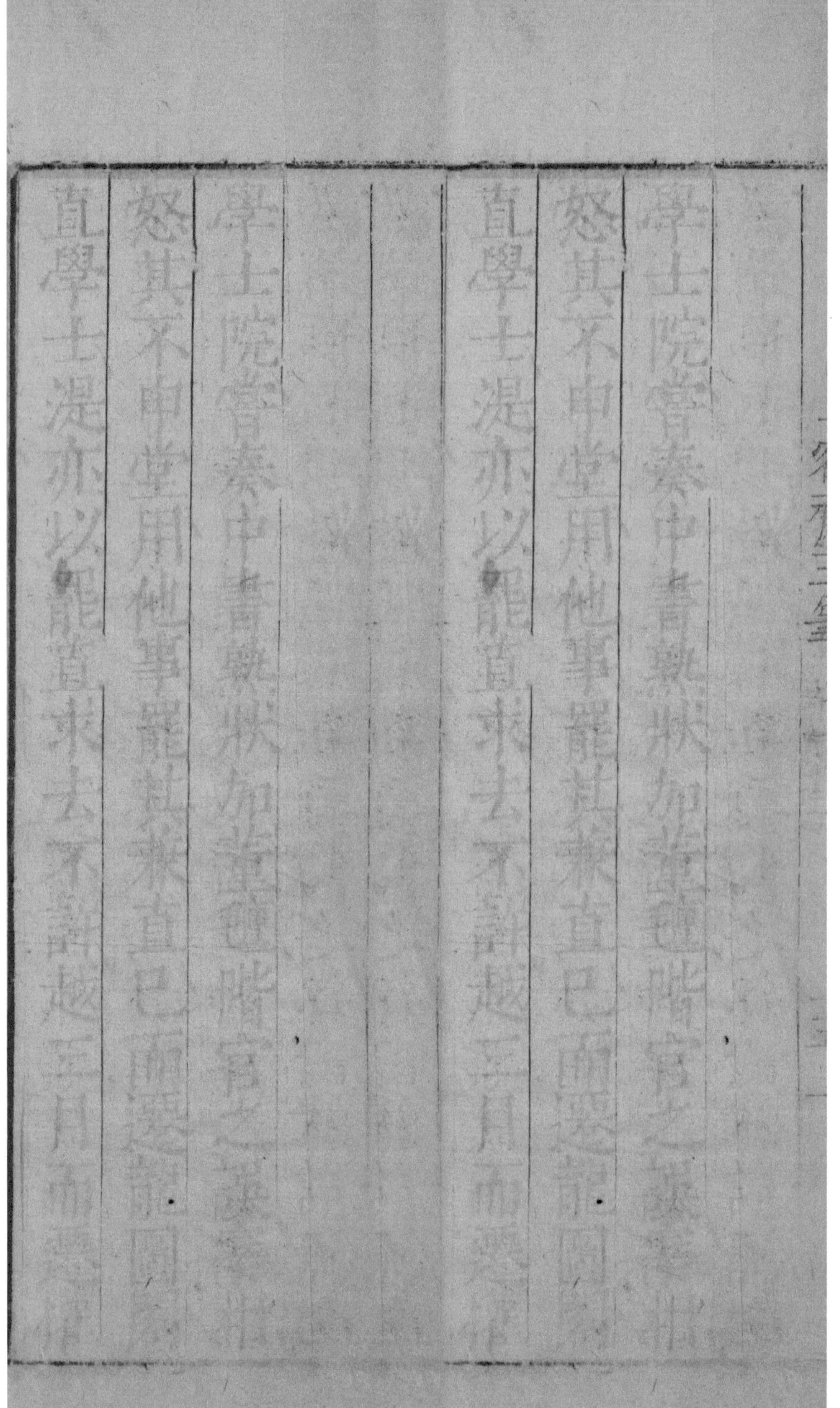

學士院嘗奏中書熟狀加諡蓋官吏之誤[illegible]
怒其不中堂用他事罷詵兼直巳而遷龍圖閣[illegible]
直學士湜亦以罷龍圖直求去不許越三月而[illegible]

學士院嘗奏中書熟狀加諡蓋官吏之誤[illegible]
怒其不中堂用他事罷詵兼直巳而遷龍圖閣[illegible]
直學士湜亦以罷龍圖直求去不許越三月而[illegible]

容齋三筆卷第十三 十三則

鐘鼎銘識

三代鐘鼎彝器存於今者其間款識唯眉壽萬年子子孫孫永寶用之語差可辨認餘皆茫昧不可讀談者以爲古文質朴固如此予竊有疑焉商周文章見於詩書三盤五誥雖詰曲聱牙尚可精求其義他皆坦然明白如與人言自武王丹書諸銘外其見於經傳者如湯之盤銘曰苟日新日日新又日新讒鼎之銘曰昧旦丕顯

後世猶怠正考父鼎銘曰一命而僂再命而傴
三命而俯循墻而走亦莫余敢侮饘於是鬻於
是以餬余口臯氏量銘曰時文思索允臻其極
嘉量既成以觀四國永啓厥後茲器維則祭射
侯辭曰惟若寧侯毋或若女不寧侯不屬于王
所故抗而射女衛禮至銘曰余掖殺國子莫余
敢止孔悝鼎銘曰八月丁亥公假于太廟公曰
叔舅乃祖莊叔左右成公成公乃命莊叔隨難
于漢陽即宮于宗周奔走無射啓右獻公獻公

乃命成叔纂乃祖服乃考文叔與舊嗜欲作率
慶士躬恤衛國其勤公家夙夜不解民咸曰休
哉公曰叔舅于女銘若纂乃考服悝拜稽首曰
對揚以辟之勤大命施于烝鼎彝扶風美陽鼎
銘曰王命尸臣官此栒邑賜爾旂鸞黼黻琱戈
尸臣拜手稽首曰敢對揚天子丕顯休命此諸
銘未嘗不槩然何爲傳於今者艱溢無緒乃爾
漢去周未遠武宣以來郡國每獲一鼎至於薦
告宗廟羣臣上壽竇憲出征南單于遺以古鼎

容五斗其銘曰仲山甫鼎其萬年子子孫孫永保用憲乃上之蓋以其難得故也今世去漢千年而器寶之出不可勝計又爲不可曉已武帝獲汾陰脽上鼎無款識而備禮迎享宣帝獲美陽鼎下羣臣議張敞乃以有款識之故紬之又何也

犧尊象尊

周禮司尊彝祼用雞彝鳥彝其朝獻用兩獻尊其再獻用兩象尊漢儒注曰雞彝鳥彝謂刻而

畫之爲雞鳳凰之形獻讀爲犧犧尊飾以翡翠象尊以象鳳凰或曰以象骨飾尊又云獻音娑有婆娑之義惟王肅云犧象二尊並全牛象之形而鑿背爲尊陸德明釋周禮獻尊之獻音素何反而於左氏傳犧象不出門釋犧爲許宜反又素何反予按今世所存故物宣和博古圖所寫犧尊純爲牛形象尊純爲象形而尊在背正合王肅之說然則犧字只當讀如本音鄭司農諸人所云殊與古製不類則知目所未覩而臆

爲之說者何止此哉又令所用爵除太常禮器之外郡縣至以木刻一雀别置杯於背以承酒不復有兩柱三足隻耳侈口之狀向在福州見之尤爲可笑也

再書博古圖

予昔年因得漢匜讀博古圖嘗載其序述可笑者數事於一筆近復盡觀之其謬妄不可殫舉當政和宣和閒蔡京爲政禁士大夫不得讀史而春秋三傳眞束高閣故其所引用絶爲乖盾

今一切記之於下以示好事君子與我同志者
商之癸鼎只一癸字釋之曰湯之父主癸也父
癸尊之説亦然至父癸匜則又以爲齊癸公之
子乙鼎銘有乙毛兩字釋之曰商有天乙祖乙
小乙武乙太丁之子乙令銘乙則太丁之子也
父巳鼎曰父巳者雍巳也繼雍巳者乃其弟太
戊豈非繼其後者乃爲之子邪至父巳尊則直
云雍巳之子太戊爲其父作子按以十干爲名
商人無貴賤皆同而必以爲君所謂癸即報癸

已即雍已是六七百年中更無一人同之者矣商公非鼎銘只一字曰非釋之曰據史記有非子者爲周孝王主馬其去商遠甚惟公劉五世孫曰公非考其時當爲公非也夫以一非字而必强推古人以證之可謂無理周益鼎曰春秋文公六年有梁氏益昭公六年有文公益未知孰是予按左傳文八年所紀乃梁益耳而杞文公名益姑周絲駒父鼎曰左傳有駒伯爲郤克軍佐駒其姓也此曰駒父其同駒伯爲姓邪子

按左傳駒伯者御錡也錡乃克之子是時御氏三卿錡曰駒伯犨曰苦成叔至曰溫季皆其食采邑名耳豈得以爲姓哉叔液鼎曰考諸前代叔液之名不見於經傳惟周八士有叔夜豈其族歟夫伯仲叔季爲兄弟之稱古人皆然而必指爲叔夜之族是以叔爲氏也周州卣曰州出於來國後以州爲氏在晉則大夫州綽在衛則大夫州吁其爲氏則一耳予按來國之名無所著見而州吁乃衛公子正不讀春秋豈不知衛

詩國風乎遂以爲氏尤可哂也周高克尊曰高
克者不見於他傳惟周末衞文公時有高克將
兵疑克者廼斯人蓋衞物也予按元銘文但云
伯克初無高字高克鄭凊人之詩兒童能誦之
乃以爲衞文公時又言周末此書局學士蓋不
曾讀毛詩也周毁敦曰銘云伯和父和者衞武
公也武公平戎有功故周平王命之爲公予按
一時列國雖子男之微未有不稱公者安得平
王獨命衞武之事周慧季鬲曰慧與惠通春秋

有惠伯惠叔號姜敦有惠仲而此鬲名之爲惠季豈非惠爲氏而伯仲叔季者乃其序耶予按惠伯惠叔正與莊伯戴伯平仲敬仲武叔穆叔成季相類皆上爲謚而下爲字烏得以爲氏哉

齊侯鎛鐘銘云咸有九州處禹之都釋之曰齊之封域有臨淄東萊北海高密膠東泰山樂安濟南平原蓋九州也予按銘語正謂禹九州耳今所指言郡名周世未有豈得便以爲州乎宋公䪫鐘銘曰宋公成之䪫鐘釋之曰宋自微子

有國二十世而有共公固成又一世而有平公成又七世而有剔公成未知孰是予按宋共公名史記以為瑕春秋以為固初無曰固成者且父既名成而其子復名之可乎剔成君為弟偃所逐亦非名成也周雲雷磬曰春秋魯饑臧文仲以玉磬告糴于齊按經所書但云臧孫辰告糴于齊左傳亦無玉磬之説漢定陶國曰漢初有天下以定陶之地封彭越為梁王越既叛命乃以封高祖之子恢是為定陶共王予按恢正

封梁王後徙趙所謂定陶共王者元帝之子哀帝之父名康者也

碌碌七字

今人用碌碌字本出老子云不欲碌碌如玉落落如石孫愐唐韻引此句及王弼別本以爲琭琭然又爲錄錄娽娽鹿鹿陸陸禄禄凡七字史記毛遂云公等錄錄因人成事唐韻以爲娽娽漢書蕭何贊云錄錄未有奇節顔師古注錄錄猶鹿鹿言在凡庶之中也馬援傳今更共陸陸

莊子漁父篇祿祿而受變於俗後生或不盡知

占測天星

國朝星官曆翁之伎殊愧漢唐故其占測荒茫

幾於可笑偶讀四朝史天文志云元祐八年十

月戊申星出東壁西慢流至羽林軍沒主擢用

文士賢臣在位紹聖元年二月丙午星出壁東

慢流入濁沒主天下文章士登用賢臣在位元

符元年六月癸巳星出室至壁東沒主文士入

國賢臣用二年十一月癸卯星出靈臺北行至軒

轅沒主賢臣在位天子有子孫之喜按是時宣仁上仙國是丕變一時正人以次竄斥章子厚在相位蔡卞輔之所謂四星之占豈不可笑也子孫之説蓋隂詔劉后云

政和宮室

自漢以來宮室土木之盛如漢武之甘泉建章陳後主之臨春結綺隋煬帝之洛陽江都唐明皇之華清連昌已載史策國朝祥符中姦臣導諛爲玉清昭應會靈祥源諸宮議者固以崇侈

勞費爲戒然未有若政和蔡京所爲也京既固
位竊國政招大璫童貫楊戩賈詳藍從熙何訢
五人分任其事於是始作延福宫有穆清成平
會寧睿謨凝和崑玉羣玉七殿東邊有蕙馥報
瓊蟠桃春錦疊瓊芬芳麗玉寒香拂雲偃蓋翠
葆鉛英雲錦蘭薫摘金十五閣西邊有繁英雪
香披芳鉛華瓊華文綺絳蕚穠華緑綺瑶碧清
音秋香叢玉扶玉絳雲亦十五閣又疊石爲山
建明春閣其高十一丈宴春閣廣十二丈鑿圓

池爲海橫四百尺縱二百六十七尺鶴莊鹿砦孔翠諸柵蹄尾以數千計五人者各自爲制度不相沿襲爭以華靡相誇勝故名延福五位其後復營萬歲山艮嶽山周十餘里最高一峯九十尺亭堂樓館不可殫記徽宗初亦喜之已而悟其過有厭惡語由是力役稍息靖康遭變詔取山禽水鳥十餘萬投諸汴渠拆屋爲薪剪石爲砲伐竹爲笓籬大鹿數千頭悉殺之以啗衛士

僧官試卿

唐代宗以胡僧不空爲鴻臚卿開府儀同三司予已論之矣自其後習以爲常至本朝尚爾元豐三年詳定官制所言譯經僧官有授試光禄鴻臚卿少卿者請自今試鄉者改賜三藏大法師試少卿者賜三藏法師詔試卿改賜六字法師少卿四字並冠以譯經三藏久之復罷

大觀筭學

大觀中置筭學如庠序之制三年三月詔以文

宣王爲先師兖鄒荆三國公配饗十哲從祀兩
列自昔著名筭數之人繪像於兩廊加賜五等
之爵於是中書舍人張邦昌定其名風后大橈
隸首容成箕子商高常儀鬼臾區巫咸九人封
公史蘇卜徒父卜偃梓愼卜楚丘史趙史墨裨
竈榮方甘德石申鮮于妄人耿壽昌夏侯勝京
房翼奉李尋張衡周興單颺樊英郭璞何承天
宋景業蕭吉臨孝恭張曾元王朴二十八人封
伯鄧平劉洪管輅趙達祖沖之殷紹信都芳許

遵耿詢劉焯劉炫傳仁均王孝通瞿曇羅李淳風王希明李鼎祚邊岡郎顗襄楷二十人封子司馬季主洛下閎嚴君平劉徽姜岌張立建夏侯陽甄鸞盧太翼九人封男考其所條具固有於傳記無聞者而高下等差殊爲乖謬如司馬季主嚴君平止於男爵鮮于妄人洛下閎同定太初曆而妄人封伯下閎封男尤可笑也十一月又改以黃帝爲先師云

十八鼎

夏禹鑄九鼎唯見於左傳王孫滿對楚子及靈王欲求鼎之言其後史記乃有鼎震及淪入于泗水之說且以秦之强暴視衰周如机上肉何所畏而不取周亦何辭以却赧王之亡盡以寳器入秦而獨遺此以神器如是之重决無淪没之理泗水不在周境内使何人般舁而往寧無一人知之以告秦邪始皇使人没水求之不獲蓋亦爲傳聞所誤三禮經所載鐘彝名數詳矣獨未嘗一及之詩易所書固亦可考以予揣之

未必有是物也唐武后始復置于通天宮不知何時而毀國朝崇寧三年用方士魏漢津言鑄鼎四年三月成於中太一宮之南爲殿名曰九成宮中央曰帝鼐北方曰寶鼎東北曰牡鼎東方曰蒼鼎東南曰罔鼎南方曰彤鼎西南曰阜鼎西方曰晶鼎西北曰魁鼎奉安之日以蔡京爲定鼎禮儀使大觀三年又以鑄鼎之地作寶成宮政和六年復用方士王仔昔議建閣於天章閣西徙鼎奉安改帝鼐爲隆鼐餘八鼎皆改

焉名閣曰圓象徽調閣七年又鑄神霄九鼎一曰太極飛雲洞劫之鼎二曰蒼壺祀天貯醇之鼎三曰山嶽五神之鼎四曰精明洞淵之鼎五曰天地陰陽之鼎六曰混沌之鼎七曰浮光洞天之鼎八曰靈光晃曜鍊神之鼎九曰蒼龜大蛇蟲魚金輪之鼎明年鼎成奠于上清寶籙宫神霄殿遂爲十八鼎繼又詔罷九鼎新名悉復其舊今人但知有九鼎而十八之數唯朱忠靖公秀水閒居録畧紀之故詳載于此

四朝史志

四朝國史本紀皆邁爲編修官日所作至於淳熙乙巳丙午又成列傳百三十五卷惟志二百卷多出李燾之手其彙次整理殊爲有工然亦時有失點檢處蓋文書廣博於理固然職官志云使相以待勲賢故老及宰相久次罷政者惟趙普得之明道末吕夷簡罷始復加使相其後王欽若罷日亦除遂以爲例按趙普之後寇凖陳堯叟王欽若皆祥符閒自樞密使罷而得之

欽若以天聖初再入相終於位夷簡乃在其後十餘年今言欽若用夷簡故事則非也因記新唐書所載李泌相德宗加崇文館大學士泌建言學士加大始中宗時及張說爲之固辭乃以學士知院事至崔圓復爲大學士亦引泌爲讓而止按崔圓乃肅宗朝宰相泌之相也相去三十年反以爲圓引泌爲讓甚類前失也

宗室參選

吏部員多闕少今爲益甚而選人當注職官簿

尉輒爲宗室所奪蓋以盡歷已到部人之故按
宣和七年八月臣僚論祖宗時宗室無參選法
至崇寧初大啓僥倖遂使任意出官又優爲之
法參選一日即在闔選名次之上以天支之貴
其間不爲無人而膏粱之習貪淫縱恣出爲民
害者不少議者頗欲懲革罷百十人之私恩爲
億萬人之公利誠爲至當若以親愛未忍姑乞
與在部人通理名次從之靖康元年八月又奏
云祖宗時未有宗室參部之法神宗時始選擇

差注一二崇寧初立法大優宗室參選之日在本部名次之上既歷年月深遠勞效顯著之人復占名州大縣優便豐厚之處議者頗欲懲革不注郡守縣令與在部人通理名次有肯從之此二段元未嘗衝改不知何時復紊也

元豐庫

神宗常憤北狄倔彊慨然有恢復幽燕之志於內帑置庫自製四言詩曰五季失圖獫狁孔熾藝祖造邦思有懲艾爰設內府基以募士曾孫

保之敢忘厥志凡三十二庫每庫以一字揭之儲積皆滿又別置庫賦詩二十字分揭於上曰每虔夕惕心妄意遵遺業顧予不武資何日成戎捷其用志如此國家帑藏之富可知熙寧元年以奉宸庫珠子付河北緣邊於四榷場鬻錢銀準備買馬其數至於二千三百四十三萬顆乾道以來有封樁南庫所貯金銀楮券合爲四千萬緡孝宗尤所垂意入紹興以來頗供好賜之用似聞日減於舊云

五俗字

書字有俗體一律不可復改者如沖涼況減決五字悉以水爲冫（筆陵切與冰同）雖士人札翰亦然玉篇正收入於水部中而冫部之末亦存之而皆注云俗乃知由來久矣唐張參五經文字亦以爲訛

容齋三筆卷第十四　十七則

三教論衡

唐德宗以誕日歲歲詔佛老者大論麟德殿并召給事中徐岱及趙需許孟容韋渠牟講説始三家若矛盾然卒而同歸于善帝大悅賚予有差此新舊列傳所載也白樂天集有三教論衡一篇云大和元年十月皇帝降誕日奉勑召入麟德殿内道場對御三教談論略録大端第一座祕書監白居易安國寺引駕沙門義林太清

官道士楊弘元其序曰談論之先多陳三教讚揚演說以啓談端臣學淺才微猥登講座竊以義林法師明大小乘通内外學於大衆中能師子吼臣稽先王典籍假陛下威靈發問既來敢不響答然予觀義林所問首以毛詩稱六義論語列四科請備陳名數而已居易對以孔門之徒三千其賢者列爲四科毛詩之篇三百其要者分爲六義然後言六義之數四科之目十哲之名復引佛法比方以六義可比十二部經四

科可比六度以十哲可比十大弟子僧難云曾參至孝百行之先何故不列於四科居易又爲辯析乃曰儒書與義既已討論釋典微言亦宜發問然所問者不過芥子納須彌山一節而已後問道士黃庭經中養氣存神長生久視之道道士却問敬一人而千萬人悅觀其問答旨意初非幽深微妙不可測知唐帝歲以此爲誕日上儀殊爲可省國朝命僧升座祝聖蓋本於此

夫兄爲公

婦人呼夫之兄爲伯於書無所載予頃使金國時辟景孫弟輔行弟婦在家許齋醮及還家賽願予爲作青詞云頃因兄伯出使夫壻從行雖借用陳平傳兄伯之語而自不以爲然偶憶爾雅釋親篇曰婦稱夫之兄爲兄公夫之弟爲叔於是改兄伯字爲兄公視前所用大爲不侔矣玉篇妐字音鐘注云夫之兄也然於義訓不若前語

政和文忌

蔡京顓國以學校科舉箝制多士而爲之鷹犬者又從而羽翼之士子程文一言一字稍涉疑忌必暗黜之有鮑輝卿者言今州縣學考試未校文學精弱先問時忌有無苟語涉時忌雖甚工不敢取若曰休兵以息民節用以豐財罷不急之役清入仕之流諸如此語熈豐紹聖間試者共用不以爲忌今悉紬之所宜禁止詔可政和三年臣僚文言比者試文有以聖經之言輒爲時忌而避之者如曰大哉堯之爲君君哉舜

也與夫制治于未亂保邦于未危吉凶悔吝生乎動吉凶與民同患以爲哉音與災同而危亂凶悔非人樂聞皆避今當不諱之朝豈宜有此詔禁之以二者之言考之知當時試文無辜而坐黜者多矣其事載於四朝志

瞬息須臾

瞬息須臾頃刻皆不久之辭與釋氏一彈指閒一刹那頃之義同而釋書分別甚備新婆沙論云百二十刹那成一怛刹那六十怛刹那成一

臘縛二十臘縛成一牟呼栗多三十牟呼栗多
成一晝夜又毗曇論云一剎那者翻爲一念一
怛那翻爲一瞬六十怛剎那爲一息一息爲一
羅婆三十羅婆爲一摩睺羅翻爲一須臾又僧
祇律云二十念爲一瞬二十瞬名一彈指二十
彈指名一羅預二十羅預名一須臾一日一夜
有三十須臾

神宗待文武臣

元豐三年詔知州軍不應舉京官職官者許通

判舉之蓋諸州守臣有以小使臣爲之而通判官入京朝故許之薦舉今以小使臣守沿邊小郡而公然薦人改官蓋有司不舉行故事也神宗初即位以刑部郎中劉述今朝散大夫久不磨勘特命爲吏部郎中今朝請大夫樞密院言左藏庫副使陳昉恬靜久應磨勘不肯自言帝曰右職若效朝士養名而獎進之則將習以爲高非便也翌日以兵部員外郎張問今朝請郎十年不磨勘特遷禮部郎中今朝奉大夫其旌賞駕御各自有宜此

所以爲綜核名實之善政見四朝志

綠竹王芻

隨筆中載毛公釋綠竹王芻以爲北人不見竹故分綠竹爲二物以綠爲王芻熙寧初右贊善大夫吳安度試舍人院已入等有司以安度所賦綠竹詩背王芻古說而直以爲竹遂黜不取富韓公爲相言史記敘載淇園之竹正衛產也安度語有據遂賜進士出身予又記前賢所紀仁宗時賈邊試當仁不避於師論以師爲衆謂

其旨先儒訓釋特㸃之蓋是時士風淳厚論者皆不喜新奇之説非若王氏之學也

親除諫官

仁宗慶曆三年用歐陽脩余靖王素爲諫官當時名士作詩有御筆新除三諫官之句元豐八年詔范純仁爲諫議大夫唐淑問蘇轍爲司諫朱光庭范祖禹爲正言宣仁后問宰執此五人者如何僉曰外望惟允章子厚獨曰故事諫官皆薦諸侍從然後大臣禀奏今詔除出中得無

有近習援引乎此門寖不可啓后曰大臣實皆言之非左右也子厚曰大臣當明揚何爲密薦由是有以親嫌自言者呂公著以范祖禹韓縝司馬光以范純仁子厚曰臺諫所以糾大臣之越法者故事執政初除苟有親戚及嘗被薦引者見爲臺臣則皆他徙今天子幼冲太皇同聽萬幾故事不可違光曰純仁祖禹實宜在諫列不可以臣故妨賢寧臣避位子厚曰縝光公著必不私他日有懷姦當國者例此而引其親黨

恐非國之福後改除純仁待制祖禹著作佐郎

然此制亦不能常常恪守也

撿放災傷

水旱災傷農民陳訴郡縣不能體朝廷德意或慮減放苗米則額外加耗之入爲之有虧故往往從窄比年以來但有因賑濟虚數而冒賞者至於蠲租失實於民不便者未嘗小懲宣和之世執政不能盡賢而其所施行蓋有慰人心京西運判李祜奏房州民數百人陳言災傷知州

李悝取其爲首者杖而徇之城市以戒妄訴用此其州蠲稅不及一釐詔李悝除名簽書官皆勒停詰又奏唐鄧州蠲災賑乏悉如法令均房州不盡減稅致有盜賊詔均房州守令悉罷唐鄧守貳各增一官秩百姓見憂出於徽宗聖意而大臣能將順也

檀弓注文

檀弓上下篇皆孔門高第弟子在戰國之前所論次其文章雄健精工雖楚漢間諸人不能及

也而鄭康成所注又特爲簡當旨意出於言外
今載其兩章以示同志衛司寇惠子之喪子游
爲之麻衰牡麻絰注云惠子廢適立庶爲之重
服以譏之文子辭曰子辱與彌牟之弟游又辱
爲之服敢辭子游曰禮也文子退反哭注子游
名習禮文子亦以爲當然未覺其所譏子游趨
而就諸臣之位注深譏之文子又辭曰子辱與
彌牟之弟游又辱爲之服又辱臨其喪敢辭子
游曰固以請文子退扶適子南面而立曰子辱

與彌牟之弟游又辱爲之服又辱臨其喪虎也敢不復位注覺所識也子游趨而就客位注所識行按此一事儻非注文明言殆不可曉今用五識字詞意渙然至最後覺所識所識行六字尤爲透徹也季孫之母死哀公弔焉曾子與子貢弔焉閽人爲君在弗內也曾子與子貢入於其廄而脩容焉子貢先入閽人曰鄉者已告矣注既不敢止以言下之曾子後入閽人辟之注見兩賢相隨彌益恭也今人讀此段直如親立

季氏之庭親見當時之事注文尤得其要領云

左傳有害理處

左傳議論遣辭頗有害理者以文章富豔之故後人一切不復言今略疏數端以箴其失傳云鄭武公莊公為平王卿士王貳於虢杜氏謂不復專任鄭伯也周公閱與王孫蘇爭政王叛王孫蘇杜氏曰叛者不與也夫以君之於臣而言貳與叛豈理也哉晉平戎於王單襄公如晉拜成劉康公徼戎將遂伐之叔服曰背盟而欺大

國不義晉范吉射趙鞅交兵劉氏范氏世爲昏
姻萇弘事劉文公故周與范氏趙鞅以爲討夫
以天子之使出聘侯國而言拜成謂周於晉爲
欺大國諸侯之卿跋扈於天子而言討皆於名
分爲不正其他如晉邢侯殺叔魚叔魚兄叔向
數其惡而尸諸市其於兄弟之誼爲弗篤矣而
託仲尼之語云殺親益榮杜氏又謂榮名益巳
以弟陳尸爲兄榮尤爲失也

夫人宗女請受

戚里宗婦封郡國夫人宗女封郡縣主皆有月俸錢米春冬絹綿其數甚多嘉祐禄令所不備載頃見張掄娶仲儡女封遂安縣主月入近百千內人請給除糧料院幫勘左藏庫所支之外內帑又有添給外庭不復得知因記熙寧初神宗與王安石言今財賦非不多但用不節何由給足宮中一私身之奉有及八十貫者嫁一公主至用七十萬緡沈貴妃料錢月八百貫聞太宗時宮人惟繫皂紬襜元德皇后嘗以金線緣

幨而怒其奢仁宗初定公主俸料以問獻穆大主再三始言其初僅得五貫耳異時中官月有止七百錢者禮與其奢寧儉自是美事也一時旨意如此不聞奉行以今度之何止十百倍也

蜀茶法

蜀道諸司惟茶馬一臺最爲富盛茶之課利多寡與夫民間利疚他邦無由可知予記東坡集有送周朝議守漢州詩云茶爲西南病甿俗記二李何人折其鋒矯矯六君子注二李杞與稷

也六君子謂思道與姪正孺張永徽吳醇翁呂元鈞宋文輔也初熙寧七年遣三司幹當公事李杞經畫買茶以蒲宗閔同領其事蜀之茶園不殖五穀惟宜種茶賦稅一例折輸錢三百折絹一匹三百二十折紬一匹十錢折綿一兩二錢折草一圍凡稅額總三十萬杞剏設官場歲增息爲四十萬其輸受之際往往壓其斤重侵其加直杞以疾去都官郎中劉佐體量多其條畫於是宗閔乃議民茶息收十之三盡賣於官

場蜀茶盡榷民始病矣知彭州呂陶言天下茶
法既通蜀中獨行禁榷況川峽四路所出茶貨
北方東南諸處十不及一諸路既許通商兩川
却爲禁地虧損治體莫甚於斯乞盡榷民茶隨
買隨賣或今日買一斤明日即作十三千賣之
比至歲終不可勝筭豈止三分而已佐杷宗閔
作爲撇法以困西南生聚佐坐罷去以國子博
士李稷代之陶亦得罪侍御史周尹復極論榷
茶爲害罷爲湖北提點刑獄利路漕臣張宗諤

張升卿復建議廢茶塲司依舊通商稷劾其疎謬皆坐貶秩茶塲司行劄子督綿州彰明縣知縣宋大章繳奏以爲非所當用稷又詆其賣直鈞奇坐衝替一歲之間通課利及息耗至七十六萬緡有奇詔録李杞前勞而官其子後稷死於永樂城其代陸師閔言其治茶五年獲淨息四百二十八萬緡詔賜田十頃凡上所書皆見於國史坡公所稱思道乃周尹求徽乃二張之一元鈞乃呂陶文輔乃大章也正孺𨮏肖之事

不著

判府知府

國朝著令僕射宣徽使使相知州府者爲判其後改僕射爲特進官稱如昔時唯章子厚罷相守越制詞結尾云依前特進知越州雖曰黜典亦學士院之誤同時執政蔣穎叔以手簡與之猶呼云判府而章質夫只云知府蓋從其實予所藏名公法書册有之吾鄉彭公器資有遺墨一帖不知與何人其辭曰某頓首知郡相公閣

下是必知州者故亦不以府守借稱今世蕞爾小壘區區一朝官承乏作守吏民稱爲判府彼區區偃然居之不疑風俗淳澆之異一至於此

歌扇舞衣

唐李義山詩云鏤月爲歌扇裁雲作舞衣同時人張懷慶竊爲已作各增兩字云生情鏤月爲歌扇出性裁雲作舞衣致有生吞活剥之誚予又見劉希夷代閨人春日一聯云池月憐歌扇山雲愛舞衣絶相似杜老亦云江清歌扇底野

曠舞衣前儲光羲云竹吹留歌扇蓮香入舞衣然則唐詩人好以歌扇舞衣爲對也

官會折閱

官會子之作始於紹興三十年錢端禮爲戸部侍郎委徽州創樣撩造紙五十萬邊幅皆不翦裁初以分數給朝士俸而於市肆要鬧處置五塲輦見錢收换每一千別輸錢十以爲吏卒用商賈入納外郡綱運悉同見錢無欠數陪償及脚乘之費公私便之旣而印造益多而實錢浸

少至於十而損一未及十年不勝其弊壽皇念其弗便出内庫銀二百萬兩售於市以錢易楮焚棄之僅解一時之急時乾道三年也淳熙十二年邁自婺召還見臨安人揭小帖以七百五十錢兑一楮因入對言之喜其復行天語云此事惟卿知之朕以會子之故幾乎十年睡不着然是後曩弊又生且僞造者所在有之及其敗獲又未嘗正治其誅故行用愈輕迨慶元乙卯多換六百二十朝廷以爲憂詔江浙諸道必以

七百七十錢買楮幣一道此意固善而不深思用錢易紙非有微利誰肯爲之因記崇寧四年有旨在京市戶市商人交子凡一千許損至九百五十外路九百七十得貿鬻如法毋得輒損願增價者聽蓋有所贏縮則可通行此理固易曉也

飛鄰望鄰

自古所謂四鄰蓋指東西南北四者而言耳然貪虐害民者一切肆其私心元豐以後州縣權

賣坊場而收淨息以募役行之浸久弊從而生往往鬻其抵產抑配四鄰四鄰貧乏則散及飛鄰望鄰之家不復問遠近必得償乃止飛鄰望鄰之說誠所未聞元祐元年殿中侍御史呂陶奏疏論之雖嘗暫革至紹聖又復然

衙參之禮

今監司郡守初上事既受官吏參謁至晡時僚屬復伺於客次胥吏列立廷下通刺曰衙以聽進退之命如是者三日如主人免此禮則翌旦

又通謝刺此禮之起不知何時唐岑參爲虢州上佐有一詩題爲衙郡守還其辭曰世事何反覆一身難可料頭白翻折腰還家私自笑所嗟無產業妻子嫌不調五斗米留人東溪憶垂釣然則由來久矣韓詩曰如今便別官長去直到新年衙日來疑是謂月二日也

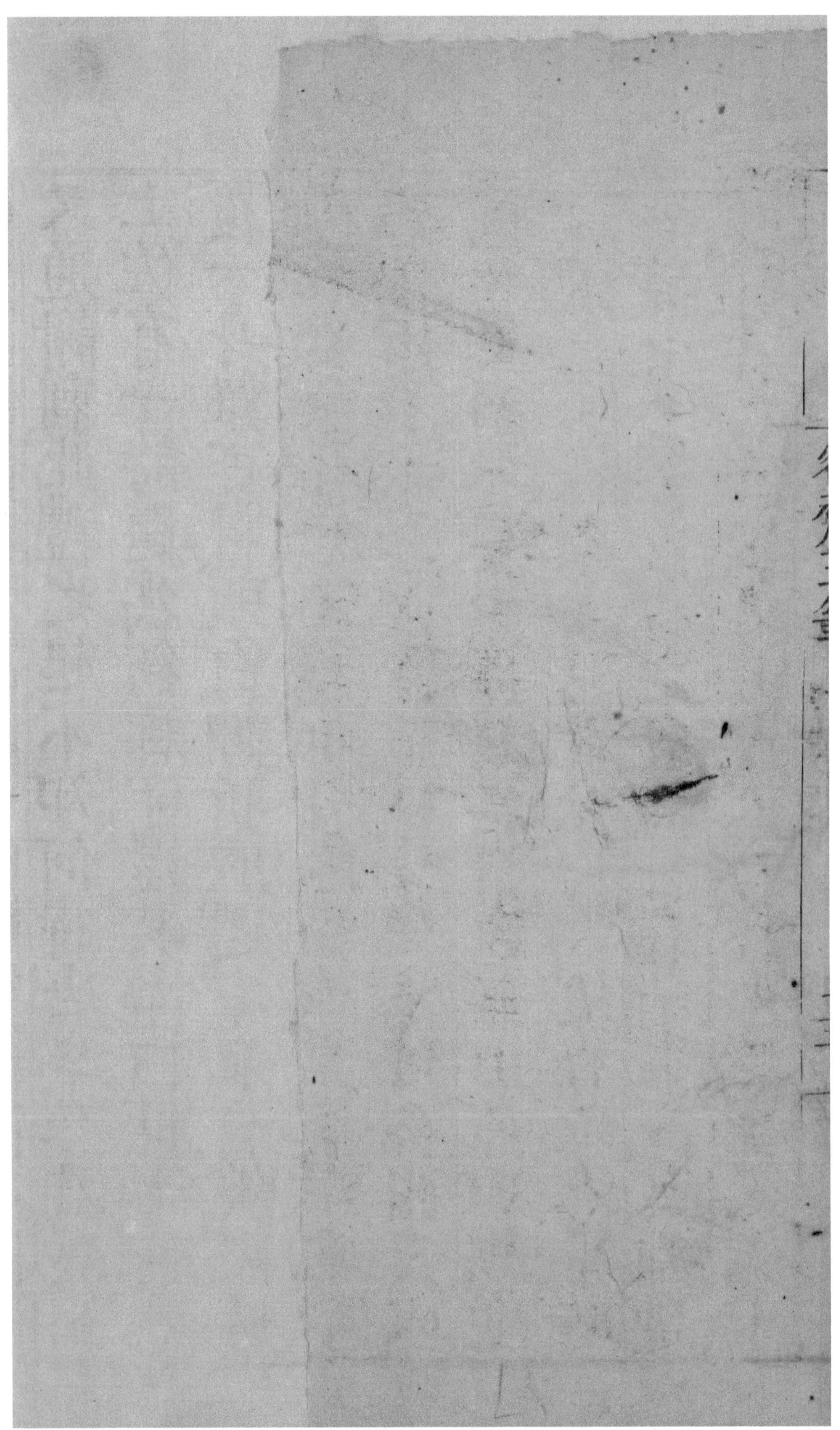

容齋三筆卷第十五　十八則

內職命詞

內庭婦職遷敘皆出中旨至中書命詞如尚書內省官固知其爲長年習事如司字典字掌字知其爲主守之微者至於紅紫霞帔郡國夫人則其年齡之長少爵列之崇庳無由可以測度紹興三十八年九月仲兄以左史直前奏事時兼權中書舍人高宗聖訓云有一事待與卿說昨有宫人官正者封夫人乃宫中管事人六十

餘歲非是嬪御恐卿不知兄奏云係王剛中行
詞剛中除蜀帥係臣書黃容臣別撰入上領首
後四日經筵留身奏事奏言前日面蒙宣諭永
嘉郡張夫人告詞既得聖旨即時傳旨三省欲
別撰進昨日宰臣傳聖旨令不須別撰上曰乃
皇后閤中老管事人今六十六歲宫正乃執事
者昨日宰執奏欲换告亦無妨礙不須別進令
已年老多病但欲得稱呼耳蓋昨訓詞中稱其
容色云

蔡京除吏

唐天寶之季楊國忠以右相兼吏部尚書大集選人注擬於私第故事注官訖過門下侍中給事中國忠呼左相陳希烈於座隅（時以侍中爲左相）給事中在列曰既對注矣過門下了矣吏部侍郎二人與郎官同咨事趨走於前國忠誇謂諸妹曰兩箇紫袍主事何如吏策書此以見國忠顓政舞權也然猶令侍中給事同坐以明非矯若蔡京之盜弄威柄則又過之政和中以太師領

三省事得治事于家第卞以開府在經筵嘗挾所親將仕郎吳説往見坐于便室設一桌陳筆硯置玉版紙闊三寸者數十片于上卞言常州教授某人之淹滯曰自初登科作教官今巳朝奉郎尚未脱故職京問何以處之卞曰須與一提學京取一紙書其姓名及提舉學事字而缺其路分顧曰要何地卞曰其家極貧非得俸入優厚處不可於是書河北西路字付老兵持出俄刻有一兵齎一雙緘及紫匣來乃福建轉運

判官直龍圖閣鄭可簡以新茶獻即就可漏上書祕撰運副四字授之卞方語及吳說曰是安中司諫之子頗能自立且王逢原外孫與舒王夫人姻眷其母老欲求一見關省局京問吳曾踏逐得未對曰打套局適闕又書一紙付出少頃卞目吳使先退吳之從姊嫁門下侍郎薛昂因館其家纔還舍具以告昂歎所見除目之迅速昂曰此三者已節次書黃矣始知國忠猶落第二義也

題先聖廟詩

兖州先聖廟壁嘗有題詩者云靈光殿古生秋草曲阜城荒散晚鴉惟有孔林殘照日至今猶屬仲尼家不顯姓名頗爲士大夫傳誦予頃在福州於呂虛已處見邵武上官挍書詩一册内一篇題爲州西行州西者蔡京所居處也注云靖康元年作時京謫湖湘子孫分竄外郡所居第摧毁索莫殆無人跡故爲古調以傷之凡三十餘韻今但記其末聯云君不見喬木參天獨

樂園至今仍是温公宅其意甚與前相類紹興二十五年冬秦檜死空其賜宅明年開河役夫輂泥土堆于墻下天台士人左君作詩曰格天閣在人何在偃月堂深恨亦深不見洛陽圖白髮但知鄮塢積黄金直言動便遭羅織舉目寧知有照臨炙手附炎俱不見可憐泥滓滿墻陰語雖紀實然太露筋骨不若前兩章渾成也左傾有才最善謔二十八年楊和王之子倓除權工部侍郎時張循王之子子顔子正皆帶集英

脩撰且進待制矣會葉審言自侍御史楊元老自給事中徙爲吏兵侍郎蓋以繳論之故左用歇後語作絕句曰木易已爲工部侍子長肯作集英脩如今臺省無楊葉豚犬超陞卒未休左居西湖上好事請謁人或畏其口後竟終於布衣

季文子魏獻子

擬人必於其倫後世之誂也古人則不然曾季文子出一莒僕而歷引舜舉十六相去四凶曰

舜有大功二十而爲天子今行父雖未獲一吉人去一凶矣於舜之功二十之一也晉魏獻子爲政以其子戊爲梗陽大夫謂成鱄曰吾與戊也縣人其以我爲黨乎鱄誦大雅文王克明克類克長克君克順克比比于文王之句而以爲九德不愆勤施無私曰類擇善而從之曰比言主之舉也近文德矣且季孫行父之視舜魏舒之視文王何啻天壤之不侔而行父以自比舒受人之諛不以爲嫌乃知孟子所謂顏淵曰舜

何人也予何人也有爲者亦若是非過論也

尊崇聖字

自孔子贊易孟子論善信之前未甚以聖爲尊崇雖詩書禮經所載亦然也書稱堯舜之德但曰聰明文思欽明文思濬哲文明温恭允塞至益之對舜始有乃聖乃神之語洪範睿作聖與恭作肅從作乂明作哲聰作謀同列於五事其究但曰聖時風若咎證至以蒙爲對惟聖罔念作狂惟狂克念作聖則以狂與聖爲善惡之對

也詩曰國雖靡止或聖或否則以聖與否爲對也下文或肅或謀或哲或乂蓋與五事略同人之齊聖不過飲酒温克而已左傳八愷齊聖廣淵明允篤誠周官六德知仁聖義忠和皆混於諸字中了無所異以故魯以臧武仲爲聖人伯夷伊尹柳下惠皆曰聖而孟子以爲否

滕字訓

滕之義爲送春秋所書晉人衞人來滕皆送女也楚辭九章云波滔滔兮來迎魚鱗鱗兮滕子

其義亦同周易咸卦象曰咸其輔頰舌滕口説也釋文云滕達也九家皆作乘而鄭康成虞翻作騰而亦訓爲送云

周禮奇字

六經用字固亦間有奇古者然惟周禮一書獨多予謂前賢以爲此書出於劉歆歆常從揚子雲學作奇字故用以入經如法爲灋柄爲枋邪爲衺美爲媺呼爲嘑拜爲𢷎韶爲磬怪爲傀暴爲虣擉爲簎風爲飌鮮爲鱻槁爲薧螺爲蠃脾

爲鱻魚爲獻埋爲貍吹爲歙陔爲祴暗爲諳柝

爲櫄採爲撢趐爲翨摘爲菿駭爲駴擊爲鼛臯

爲楎掬爲蘳幕爲模藻爲灢昃爲頁卬爲敏鬏

爲蘛魅爲彪臾夫庮𪊨胖鱐齍眡劀酏臬鬻箈

鬱柶繆醽嬰騬輮之類皆他經鮮用予前已書

之而不詳悉若考工記之字文不可勝載也

大禹之書

夏書五子之歌述大禹之戒其前三章是也禹

之謨訓捨虞夏二書外他無所載漢藝文志雜

家者流有大禽三十七篇云傳言禹所作其文似後世語禽古禹字也意必依倣而作之者然亦周漢閒人所爲今寂而無傳亦可惜也

隨巢胡非子

漢書藝文志墨家者流有隨巢子六篇胡非子三篇皆云墨翟弟子也二書今不復存焉揔意林所述各有一卷隨巢之言曰大聖之行兼愛萬民踈而不絕賢者欣之不肖者憐之賢而不欣是賤德也不肖不憐是忍人也又有鬼神賢

於聖人之論其於兼愛明鬼爲墨之徒可知胡非之言曰勇有五等負長劒赴榛薄折兕豹搏熊羆此獵徒之勇也負長劒赴深淵折蛟龍搏黿鼉此漁人之勇也登高危之上鵠立四望顏色不變此陶岳之勇也剽必刺視必殺此五刑之勇也齊威公以魯爲南境魯憂之曹劌匹夫之士一怒而劫萬乘之師存千乘之國此君子之勇也其說亦卑陋無過人處

別國方言

今世所傳揚子雲輶軒使者絶代語釋别國方言凡十三卷郭璞序而解之其末又有漢成帝時劉子駿與雄書從取方言及雄答書以予考之殆非也雄自序所爲文漢史本傳但云經莫大於易故作太玄傳莫大於論語作法言史篇莫善於倉頡作訓纂箴莫善於虞箴作州箴賦莫深於離騷反而廣之辭莫麗於相如作四賦雄平生所爲文盡於是矣初無所謂方言漢藝文志小學有訓纂一篇儒家有雄所序三十八

篇注云太玄十九法言十三樂四箴二雜賦有雄賦十二篇亦不載方言觀其答劉子駿書稱蜀人嚴君平按君平本姓莊漢顯帝諱莊始改曰嚴法言所稱蜀莊沈冥蜀莊之才之珍吾珍莊也皆是本字何獨至此書而曰嚴又子駿只從之求書而答云必欲脅之以威陵之以武則縊死以從命也何至是哉既云成帝時子駿與雄書而其中乃云孝成皇帝反覆抵牾又書稱汝潁之間先漢人無此語也必漢魏之際好事

者爲之云

縱臾

史記衡山王傳曰夜從容王密謀反事漢書傳云日夜縱臾王謀反事如淳曰臾讀曰勇縱臾猶言勉強也顔師古曰縱音子勇反縱臾謂奬勸也揚雄方言云食閻慫慂音與上同勸也南楚凡已不欲喜而旁人説之不欲怒而旁人怒之謂之食閻亦謂之慫慂今禮部韻略收入漢注皆不引用

捴持寺唐勑牒

唐世符帖文書今存者亦少隆興府城內捴持寺有一碑其前一紙乾符三年洪州都督府牒僧仲遲次一紙中和五年監軍使帖僧神遇第三紙光啓三年十一月中書門下牒江西觀察使其後列銜者二十四人曰中書侍郎兼兵部尚書平章事杜遜能門下侍郎兼吏部尚書平章事孔緯此後檢校左僕射一人檢校司空二人檢校司徒八人檢校太保三人檢校太傅一

人撿挍太尉三人撿挍太師一人皆帶平章事著姓太保兼侍中昭度不書畢字撿挍太師兼侍中一人太師兼中書令一人皆不著姓捨杜孔韋三正相之外餘皆小書使字蓋使相也後又有節度使鍾傳兩牒字畫端勁有法如士人札翰今時臺省吏文不能及也嘉祐二年雒陽人職方員外郎李上交來豫章東湖見所藏眞蹟爲辨之云二十一人者乃張濬朱玫李福李可舉李罕之陳敬瑄王處存王徽曹誠李康威

李茂貞王重榮楊守亮王鎔樂彥禎朱全忠張全義拓拔思恭時溥王鐸高駢也而注云見傳宗紀及實録以予考之自三相及拓拔樂彥禎時溥張濬朱全忠李茂貞諸人外如李克用朱瑄王行瑜皆是時使相不應缺而朱玫王鐸王重榮李福皆已死所謂太師中書令者史策不載唯陳敬瑄檢校此官而兼中令最後者其是歟他皆不復可究質矣

禁旅遷補

國朝宿衛禁旅遷補之制以歲月功次而遞進者謂之排連大禮後次年殿庭較藝乘輿臨軒曰推垜子其歳滿當去者隨其本資高者以正任團練使刺史補外州總管鈐轄小者得州都監當留者於軍職内壁補謂之轉員唯推垜之日以疾不赴者爲害甚重紹興三十二年四月予以右史年對時將有使事與上介張才甫同飯於皇城司有一老兵幞頭執黑杖子拜辭皇城幹辦官劉知閤泣涕哽噎劉亦爲惻然予

問其故兵以杖相示滿其上皆揭記士卒姓名營屯事件云身是天武第一軍都指揮使曾立戰功積官至遙郡團練使今年滿當出職若御前呈試了便得正任使名而爲近郡總管不幸小疾遂遭揀汰只可降移外藩將校在身官位一切除落方伏事州都監聽管營部轄三十年勤勞一旦如掃薄命不偶至於如是坐者同歎息憐之按崇寧四年有詔諸班直嘗備宿衛病告滿尚可療者殿前指揮使補外牢城指揮使

蓋舊法也

六言詩難工

唐張繼詩今人所傳者唯楓橋夜泊一篇荆公詩選亦但别有兩首樂府有塞孤一篇而皇甫冉集中載其所寄六言曰京口情人别乆揚州估客來踈潮至潯陽回去相思無處通書冉酬之而序言懿孫子之舊好祗役武昌有六言詩見憶今以七言裁答蓋拙於事者繁而費冉之意以六言爲難工故衍六爲七然自有三章曰

江上年年春早津頭日日人行借問山陰遠近猶聞薄暮鐘聲水流絶澗終日草長深山暮雲犬吠雞鳴幾處條桑種杏何人門外水流何處天邊樹繞誰家山絶東西多少朝朝幾度雲遮皆淸絶可畫非拙而不能也予編唐人絶句得七言七千五百首五言二千五百首合爲萬首而六言不滿四十信乎其難也

杯水救車薪

孟子曰仁之勝不仁也如水勝火今之爲仁者

猶以一杯水救一車薪之火也不熄則謂之水不勝火予讀文子其書有云水之勢勝火一勺不能救一車之薪金之勢勝木一刃不能殘一林土之勢勝水一塊不能塞一河文子周平王時人孟氏之言蓋本於此

詘一人之下

蕭何諫高祖受漢王之封曰夫能詘於一人之下而信於萬乘之上者湯武是也六韜云文王在岐召太公曰吾地小太公曰天下有粟賢者

食之天下有民賢者牧之屈於一人之下則申於萬人之上唯聖人能爲之然則蕭何之言其出於此而漢書注釋諸家皆不曾引證

秦漢重縣令客

秦漢之時郡守縣令之權極重雖一令之微能生死人故爲之賓客者邑人不敢不敬單父人呂公善沛令辟仇從之客沛中豪傑吏聞令有重客皆往賀謂以禮物相慶也司馬相如游梁歸蜀素與臨卬令王吉相善來過之舍於都亭

臨邛富人卓王孫程鄭相謂曰令有貴客爲具召之并召令相如竊王孫女歸成都以貧困復如臨邛王孫杜門不出昆弟諸公更謂王孫曰長卿人材足依且又令客奈何相辱如此注云言縣令之客不可以辱也是時爲令客者如此今士大夫爲守令故人往見者雖未必皆賢豈復蒙此禮敬稍或戾於法制微有干託其累主人必矣

之字訓變

漢高祖諱邦荀悦云之字曰國惠帝諱盈之字曰满謂臣下所避以相代也蓋之字之義訓變

左傳周史以周易見陳侯者陳侯使筮之遇觀之否謂觀六四變而爲否也他皆倣此

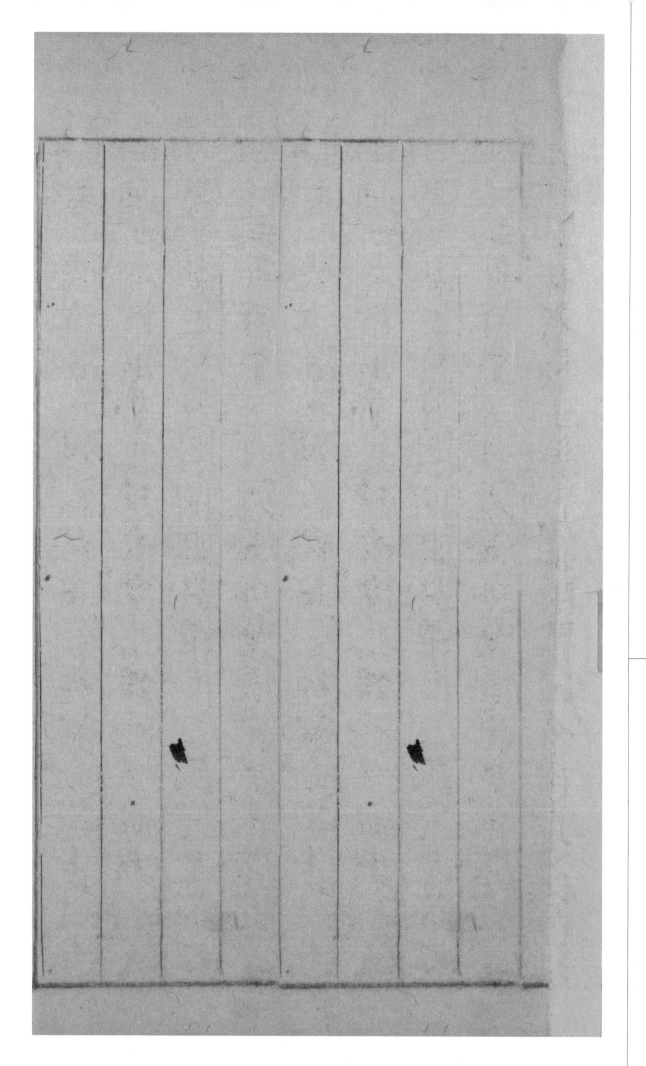

 二十則

蹇氏父子

蹇周輔立江西福建茶法以害兩路其子序辰在紹聖中乞編類元祐章疏案牘人爲一帙置在二府由是搢紳之禍無一得脫此猶未足言及居元符遏密中肆音樂自娛後守蘇州以天寧節與其父忌日同輒於前一日設宴及節日不張樂其無人臣之義如是蓋舉世未聞也

神臂弓

神臂弓出於弩遺法古未有也熙寧元年民李宏始獻之入内副都知張若水方受旨料簡弓弩取以進其法以檿木爲身檀爲弰鐵爲蹬子鎗頭銅爲馬面牙發麻繩札絲爲弦弓之身三尺有二寸弦長二尺有五寸箭木羽長數寸射二百四十餘步入榆木半笴神宗閱試甚善之於是行用而他弓矢弗能及紹興五年韓世忠又侈大其制更名克敵弓以與金虜戰大獲勝捷十二年詞科試日主司出克敵弓銘爲題云

勑令格式

法令之書其別有四勑令格式是也神宗聖訓曰禁於未然之謂勑禁於已然之謂令設於此以待彼之至謂之格設於此使彼效之謂之式凡入笞杖徒流死自例以下至斷獄十有二門麗刑名輕重者皆爲勑自品官以下至斷獄三十五門約束禁止者皆爲令命官庶人之等倍全分釐之給有等級高下者皆爲格表奏帳籍關牒符檄之類有體制模楷者皆爲式元豐編

勑用此後來雖數有修定然大體悉循用之今
假寧一門實載於格而公私文書行移並名爲
式假則非也

顏魯公戲吟

陶淵明作閑情賦寄意女色蕭統以爲白玉微
瑕宋廣平作梅花賦皮日休以爲鐵心石腸人
而亦風流艷冶如此顏魯公集有七言聯句四
絶其目曰大言樂語嚵語醉語於樂語云苦河
既濟眞僧喜新知滿坐笑相視戍客歸來見妻

子學生放假偷向市嚵語云拈鎚舐指不知休欲炙侍立涎交流過屠大嚼肯知羞食店門外強淹留醉語云逢糟遇麴便酩酊覊車墜馬皆不醒倒著接䍦髮垂領狂心亂語無人並以公之剛介守正而作是詩豈非以文滑稽乎然語意平常無可咀嚼予疑非公詩也

紀年用先代名

唐德宗以建中興元之亂思太宗正觀明皇開元爲不可跂及故改年爲正元各取一字以法

象之高宗建炎之元欲法建隆而下字無所本孝宗以來始一切用正元故事隆興以建隆紹興乾道以乾德至道淳熙以淳化雍熙紹熙以紹興淳熙慶元以慶曆元祐也

中舍

官制未改之前初升朝官有出身人爲太子中允無出身人爲太子中舍皆令通直郎也近時士大夫或不能曉乃稱中書舍人曰中舍殊可笑云蘇子美在進奏院會館職有中舍者欲預

康子美曰樂中既無箏琵箜篌坐上安有國舍虞比國謂國子博士舍謂中舍虞謂虞部比謂比部員外郎中皆任子官也

多赦長惡

熙寧七年旱神宗欲降赦時巳兩赦矣王安石曰湯旱以六事自責曰政不節與若一歲三赦是政不節非所以弭災也乃止安石平生持論務與衆異獨此說爲至公近者六年之間再行覃霈婺州富人盧助教以刻核起家因至田僕

之居爲僕父子四人所執投寘杵臼内擣碎其軀爲肉泥既鞫治成獄而遇已酉赦恩獲免至復登盧氏之門笑侮之曰助教何不下莊收穀兹事可爲寃憤而州郡失於奏論紹熙甲寅歲至於四赦凶盜殺人一切不死惠姦長惡何補於治哉

奏讞疑獄

州郡疑獄許奏讞蓋朝廷之深恩然不問所犯重輕及情理蠹害一切縱之則爲壞法耿延年

提點江東刑獄專務全活死囚其用心固善然南康婦人謀殺其夫甚明曲貸其命累勘官覊以失入被罪予守贑一將兵逃至外邑殺村民於深林民兄後知之畏申官之費即焚其尸事發係獄以殺時無證尸不經驗奏裁刑寺輒定爲斷配予持敕不下復奏論之末下而此兵死於獄因記元豐中宣州民葉元以同居兄亂其妻而殺之又殺兄子而彊其父與嫂約契不訟於官鄰里發其事州以情理可憫爲上請審刑

院奏欲貸神宗曰罪人已前死姦亂之事特出於葉元之口不足以定罪且下民雖爲無知抵冒法禁固宜哀矜然以妻子之愛旣殺其兄仍戕其姪又囚其父背逆天理傷敗人倫宜以殿兄至死律論此旨可謂至明矣

醫職冗濫

神宗董正治官立醫官額止於四員及宣和中自和安大夫至翰林醫官凡一百十七人直局至祗候凡九百七十九人冗濫如此三年五月

始詔大夫以二十員郎以三十員醫效至祗候以三百人爲額而額外人免改正但不許作官戶見帶遥郡人並依元豐舊制然竟不能循守也乾道三年正月隨龍醫官平和大夫階州團練使潘攸差判太醫局請給依能誠例支破薦時在西掖取會能誠全支本色因依誠係和安大夫潭州觀察使月請米麥百餘碩錢數百千春冬綿絹之屬比他人十倍因上章極論之乞將攸合得請給令戶部照條支破孝宗聖諭云

豈惟潘傚不合得幷能誠亦合住了即日御筆批依仍政正能誠已得真俸之旨旋又罷醫官局

切脚語

世人語音有以切脚而稱者亦閒見之於書史中如以蓬爲勃籠槃爲勃闌鐸爲突落叵爲不可團爲突欒鉦爲丁寧頂爲滴顊角爲矻落蒲爲勃盧精爲即零螳爲突郎諸爲之乎旁爲步廊茨爲蒺藜圈爲屈攣錮爲骨露窠爲窟駝是

也

唐世辟寮佐有詞

唐世節度觀察諸使辟置寮佐以至州郡差掾屬牒語皆用四六大略如告詞李商隱樊南甲乙集顧雲編槀羅隱湘南雜槀皆有之故韓文公送石洪赴河陽幕府序云撰書辭具馬幣李肇國史補載崖州差攝相韋執誼攝軍事衙推亦有其文非若今時只以吏牘行遣也錢武肅在鎮牒鍾廷翰攝安吉主簿云勅淮南鎮海鎮

東等軍節度使牒將仕郎試祕書省校書郎鍾廷翰牒奉處分前件官儒素修身早昇官緒寓居雩水累歷星霜克循廉謹之規備顯温恭之道今者願求錄用特議掄材安吉屬城印曹闕吏俾期差攝勉效公方儻聞佐理之能豈悋超昇之獎事須差攝安吉縣主簿牒舉者故牒貞明二年三月日牒後銜云使尚父守尚書令吴越王押此牒今藏於王順伯家其字畫端嚴有法其文則掌書記所撰殊爲不工但印記不存

矣謂主簿爲印曹亦佳

高子允謁刺

王順伯藏昔賢墨帖至多其一曰高子允諸公謁刺凡十六人時公美徐振甫余中龔深父元耆寧秦少游黄魯直張文潛晁無咎司馬公休李成季葉致遠黄道夫廖明略彭器資陳祥道皆元祐四年朝士唯器資爲中書舍人餘皆館職其刺字或書官職或書郡望或稱姓名或只稱名既手書之又斥主人之字且有同舍尊兄

之旨風流氣味宛然可端拜非若後之士大夫一付筆吏也蔡忠惠公帖亦有其二一曰襄奉候子石兄起居朔旦謹謁一曰襄別洪州少卿學士蓋又在前帖三十年之先也

蔡君謨書碑

歐陽公作蔡君謨墓誌云公工於書畫頗自惜不妄與人書仁宗尤愛稱之御製元舅隴西王碑文詔公書之其後命學士撰温成皇后碑文又勑公書則辭不肯曰此待詔職也國史傳所

載蓋用其語比見蔡與歐陽一帖云鄉者得待陛下清光時有天旨令寫御撰碑文宮寺額牓至有勲德之家干請朝廷出勑令書襄謂近世書寫碑誌則有資利若朝廷之命則有司存焉待詔其職也今與待詔爭利其可乎力辭乃已蓋辭其可辭其不可辭者不辭也然後知蔡公之旨意如此雖勲德之家請於朝出勑令書者亦辭之不止一温成碑而已其清介有守後世或未知之故載於此

楊涉父子

唐楊涉爲人和厚恭謹，哀帝時自吏部侍郎拜相。時朱全忠擅國，涉聞當爲相，與家人相泣，謂其子凝式曰：此吾家之不幸也，必爲汝累。後二年，全忠篡逆，涉爲押傳國寶使，凝式曰：大人爲唐宰相，而國家至此，不可謂之無過，況手持天子璽綬與人，雖保富貴，奈千載何？盍辭之。涉大駭曰：汝滅吾族。神色爲之不寧者數日。此一楊涉也，方其且相，則對其子有不幸之語，及持國寶與逆賊則駭其子勸止之請一何前後之不相侔也鄙夫患失又懲白馬之禍喪其良心甘入六臣之列其可羞也甚矣凝式病其父失節託於心疾歷五代十二君佯狂不仕亦賢乎哉

佛胷卍字

法苑珠林敍佛之初生云開卍字於胷前躡千輪於足下又占相部云如來至真常於胷前自然卍字大人相者乃往占世蠲除穢濁不善行故予於夷堅丁志中載蔡京胷字言京死後四

十二年遷葬皮肉消化巳盡獨心胷上隱起一卍字高二分許如鐫刻所就正與此同以大姦誤國之人而有此祥誠不可曉也豈非天崩地坼造化定數故産此異物以爲宗社之禍邪

蘇渙詩

杜子美贈蘇渙詩序云蘇大侍御渙靜者也旅于江側凡是不交州府之客人事都絶久矣肩輿江浦忽訪老夫請誦近詩肯吟數首才力素壯詞句動人涌思雷出書篋几杖之外殷殷留

金石聲賦八韻記異亦記老夫傾倒於蘇至矣
詩有再聞誦新作突過黃初詩之語又有一篇
寄裴道州并呈蘇渙侍御云附書與裴因示蘇
此生已媿須人扶致君堯舜付公等早據要路
思捐軀其褒重之如此唐藝文志有渙詩一卷
云渙少喜剽盜善用白弩巴蜀商人苦之稱白
跖以比莊蹻後折節讀書進士及第湖南崔瓘
辟從事繼走交廣與哥舒晃反伏誅然則非所
謂静隱者也渙在廣州作變律詩十九首上廣

府帥其一曰養蠶爲素絲葉盡蠶不老頃筐對
空牀此意向誰道一女不得織萬夫受其寒一
夫不得意四海行路難禍亦不在大禍亦不在
先世路險孟門吾徒當勉旃其二曰毒蜂一巢
成高挂惡木枝行人百步外目斷魂爲飛長安
大道邊挾彈誰家兒手持黃金丸引滿無所疑
一中紛下來勢若風雨隨身如萬箭攢宛轉送
所之徒有疾惡心柰何不知幾讀此二詩可以
知其人矣杜贈漁詩名爲記與語意不與他等

厥有旨哉

歲後八日

東方朔占書歲後八日一爲雞二爲犬三爲豕四爲羊五爲牛六爲馬七爲人八爲穀謂其日晴則所主之物育陰則災杜詩云元日到人日未有不陰時用此也八日爲穀所係尤重而人罕知者故書之

門焉闔焉

左氏傳好用門焉字如晉侯圍曹門焉齊侯圍

龍盧蒲就魁門焉吳伐曹吳子門焉偪陽人啓門諸侯之士門焉及蔡公孫翩以兩矢門之門于師之梁門于陽州之類皆奇葩之語也然公羊傳云入其大門則無人門焉者入其閨則無人閨焉者上其堂則無人焉又傑出有味何休注堂無人焉之下曰但言焉絶語辭堂不設守視人故不言焉焉者休之學可謂精切能盡立言之深意

郡縣主簿官

本朝宗室袒免親女出嫁如壻係白身人得文解者爲將仕郎否則承節承信郎妻雖死夫爲官如故按唐正元中故懷澤縣主壻撿按贊善大夫竇克紹狀言臣頃以國親超授寵禄及縣主薨逝臣官遂停臣陪位出身未授撿按官自有本官伏乞宣付所司許取前銜婺州司户參軍隨例調集詔許赴集仍委所司比類前任正員官依資注擬自今已後郡縣主壻除丁憂外有曾任正員官停撿按官俸料後者准此處分

乃知壻官不停者恩厚於唐世多矣紹興以高
士㒓尚僞福國長公主至觀察使及公主事發
誅死猶得故官可謂優渥

樂府詩引喻

自齊梁以來詩人作樂府子夜四時歌之類每
以前句比興引喻而後句實言以證之至唐張
祜李商隱溫庭筠陸龜蒙亦多此體或四句皆
然今略書十數聯于策其四句者如高山種芙
蓉復經黃蘗塢未得一蓮時流離嬰辛苦忽外

山魈立知渠脚不多二更機底下摸著是誰梭
淮上能無雨回頭揔是情蒲帆渾未織爭得一
歡成其兩句者如風吹荷葉動無夜不搖蓮空
織無經緯求匹理自難圍棋燒敗襖著子故依
然理絲入殘機何悟不成匹攤門不安横無復
相關意黄蘗向春生苦心日日長明燈照空局
悠然未有期玉作彈棋局中心最不平剪刀横
眼底方覺淚難裁中旁庭前棗教郎見赤心千
尋葶藶枝爭柰長長苦愁見蜘蛛織尋思直到

明雙燈俱暗盡柰許兩無由三更書石闕憶子夜啼悲芙蓉腹裏萎憐汝從心起朝看暮牛跡知是宿啼痕梳頭入黃泉分作兩死計石闕生口中銜悲不能語桑蠶不作繭晝夜長懸絲皆是也龜蒙又有風人詩四首云十萬全師出遙知正憶君一心如瑞麥長作兩岐分破檗供朝爨須知是苦辛曉天窺落宿誰識獨醒人旦日思雙屨明時願早諧丹青傳四瀆難寫是秋懷鬧道新更幟多應發舊期征衣無伴搗獨處自

然悲皮日休和其三章云刻石書離恨因成別後悲莫言春蠒薄猶有萬重思鏤出容刀飾親逢巧笑難目中騷客珮争柰即闌干江上秋聲起從來浪得名逆風猶挂席苦不會凡情劉采春所唱云不是廚中串争知炙裹心井邊銀釧落展轉恨還深簳蠟爲紅燭情知不自由細絲斜結網争柰眼相鈎尤爲明白七言亦間有之如東邊日出西邊雨道是無情又有情玲瓏骰子安紅豆入骨相思知也無合歡桃核真堪恨

裏許元來別有人是也近世鄙詞如一落索數闋蓋效此格語意亦新工恨太俗耳然非才士不能爲世傳東坡一絶句云蓮子擘開須見薏楸枰著盡更無棊破衫却有重縫處一飯何曾忘却匙蓋是文與意並見一句中又非前比也集中不載

容齋三筆卷第十六